U0887539

清末民初文獻叢刊

使俄草

（上册）

［清］王之春 著

朝華出版社
BLOSSOM PRESS

圖書在版編目（CIP）數據

使俄草 : 全2册 / (清) 王之春著. -- 北京 : 朝華出版社, 2019.1
（清末民初文獻叢刊）
ISBN 978-7-5054-4343-3

Ⅰ. ①使… Ⅱ. ①王… Ⅲ. ①中國歷史－近代史－史料②中俄關係－國際關係史－史料 Ⅳ. ①K250.6 ②D829.512

中國版本圖書館CIP數據核字(2018)第241600號

使俄草（全二册）

作　　者　[清]王之春

選題策劃　楊麗麗　尚論聰
責任編輯　劉小磊
特約編輯　齊　芳
責任印制　張文東　陸競赢
封面設計　劉敬偉

出版發行　朝華出版社
社　　址　北京市西城區百萬莊大街24號　　**郵政編碼**　100037
訂購電話　（010）68996618　68996050
傳　　真　（010）88415258（發行部）
聯系版權　j-yn@163.com
網　　址　http://zhcb.cipg.org.cn
印　　刷　藝堂印刷（天津）有限公司
經　　銷　全國新華書店
開　　本　880mm × 1230mm　1/32　　**字　　數**　143千字
印　　張　22.5
版　　次　2019年1月第1版　2019年1月第1次印刷
裝　　别　精
書　　號　ISBN 978-7-5054-4343-3
定　　價　172.00元（全二册）

版權所有　翻印必究・印裝有誤　負責調換

出版前言

中國自一八四〇年鴉片戰争以來，傳統的農業文明在西方的堅船利炮轟擊之下徹底被顛覆，有擔當的知識分子苦苦追尋，思索社會改革的途徑。從最初的『師夷長技以制夷』到『民主制度，天下之公理』（梁啓超語），他們發現要『强國富民』，首先要『開啓民智』，祇有民衆擁有了獨立思想和批判精神，國家纔能實現真正的强大。在此後一百年的時間裏（一八四〇—一九四九），思想者們從社會變革深入到國民性的改造，用每一部作品見證着中國近代化的遞變歷程。這是一個極其重要的時代，《清末民初文獻叢刊》正是收録了這一時期的作品，大部分書籍都是早期版本，有着極高的文獻研究價值。

清末的中國經歷了『三千年來未有之大變局』（李鴻章語），大清王朝面對西方列强的艦炮，表現得驚慌失措。尤其是鴉片戰争，使『天朝帝國萬世長存的迷信受到了致命的打擊，野蠻的、閉關自守的、與文明世界隔絶的狀態被打破了』（《馬克思恩格斯選集》）。一批士大夫知識分子，尤其是在歐美諸國擔任使臣或者游歷的知識分子最先覺醒，着眼于對西方國家的考察，進而反省本國政治制度的劣勢，可以視作『啓蒙』的端倪。如曾擔任駐英公使（兼任駐法公使）的郭嵩燾在《使西紀程》中以日記的形式記録了自己對歐西諸國的觀感，他在考察了英國的政治制度之後，發現英國政府官員收入超過三百磅者與普通老百姓一樣同等納税，他説：『此法誠善，然非民主之國，則勢有所不行。西洋所以享國長久，君民兼主國政故也。』他明確提出了『民主』，在國家的管理問題上，人民也有參與的權利。他在該書中所披露的西方政治、經濟、文化等領域優于大清帝國這一事實觸動了保守派的神經，立刻遭到保守派群起而攻之，進士何金壽彈劾他『有二心于英國，欲中國臣事之』，他家鄉湖南的民衆對他更是痛加詆毁，以至于滿城揭帖，誣蔑他『溝通洋人』，在這種群情洶洶的情况下，朝廷最後下旨將《使西紀程》毁版，從而使該書成了禁書。然而，書雖被毁版，却不能堵死民衆的傳播與閲讀的途徑，上海的《萬國公報》依舊連載該書，張佩綸曾説：『朝廷禁其書，而新聞紙接續刊刻，中外傳播如故也。』從某種意義上來説，啓蒙是時代的需要，盡管清政府發諭旨禁了該書，民衆乃至一些朝廷大員却依舊在私下閱讀，以便瞭解外部的世界。進步的社會是開放性的，任何企圖『閉關鎖國』的努力都意味着歷史的倒退，祇有開放，與整個世界文明保持同等的步伐，纔能實現真正的强國之夢。當大批知識分子走出閉鎖的國門，親歷了文明的洗禮之後，也就把啓蒙的智識帶回了中華大地。容閎的《西學東漸記》，梁啓超的《新大陸游記》，崔國因的《出使美日秘日記》等一大批作品介紹了海外諸國的政治、經濟、軍事、外交、文化。雖然這些作品在認識上仍然帶有時代的局限性，然而却是那時最爲珍貴的聲音。

另一方面，在學術上，中國文化母體内『經世致用』思想與資産階級思想相結合，也喚起了變革，以康有爲、梁啓超爲首的改良派試圖通過自上而下的革新以實現變革。康有爲的《新學僞經考》《孔子改制考》就是借經學之表論資産階級學説之裏的著作，康有爲的弟子梁啓超更是通過《新民説》一書提出國民性改造。與早期啓蒙者『師夷長技』的器物文明引進不同，梁啓超上升到形而上的精神領域，從文化心理上更加徹底地進行變革。梁氏是清朝末年到民國初年一個橋梁式的人物，被譽爲『輿論之驕子，天縱之文豪』，其影響力不但在學術領域，同時還在文學領域，他所倡導的『詩界革命』得到了譚嗣同、黄遵憲、丘逢甲等人的響應，黄遵憲的《日本雜事詩》，丘逢甲的《嶺雲海日樓詩鈔》都體現了這種主張。這一主張要求反映新的時代和新的思想，用『我手寫我口』（黄遵憲語）的方式直抒胸臆，對長期占詩壇主流的擬古主義、形式主義產生了巨大的衝擊，解放了寫作者的心靈和頭腦。

與社會變革同步的是早期對西方思想著作的翻譯，這裏面影響最大的是嚴復，他翻譯的《天演論》《社會通詮》等書直接孕育了民國一代的知識階層。魯迅、胡適等人在文章中都曾提到《天演論》對他們思想所產生的震撼。與嚴復略有不同的另一位翻譯家是林紓，他的譯作雖然參差不齊，但却在更細膩的心靈層次對讀者產生影響，許壽裳曾回憶，他和魯迅都熱衷于林譯的小説，如《巴黎茶花女遺事》《黑奴籲天録》《迦茵小傳》等作品。

辛亥革命之後，進步社會思潮成爲主流，比之清末思想啓蒙者『求存』的追求，民國以來的知識階層深入到了更加細微的肌理，一方面呼唤社會變革，另一方面進行點滴的建設，革命并不能使所有的一切一蹴而就，在更加深廣的領域，事物的改變是由微觀而宏觀。通俗地説，比之于革命，建設的意義更大。如《中國商業史》《中國教育史》《中國倫理學史》《中國哲學史大綱》《中國小説史略》等一大批作品都是進行系統的梳理與建設的理論作品。其中，以胡適和魯迅二人的影響最大，他們的作品一紙風靡，從而成爲新文化運動的主力人物。

《清末民初文獻叢刊》收録的文獻大致上可以分爲三個階段，其中龔自珍、張之洞、魏源、郭嵩燾、薛福成等人的作品可視爲『早期啓蒙』，康有爲、梁啓超、黃遵憲、嚴復、林紓等人的作品可視爲『中期啓蒙』，胡適、魯迅、蔡元培等人的作品可視爲『晚期啓蒙』。當然，這種劃分并非嚴格意義上的，大部分啓蒙思想者隨着時代的變化，其思想在不斷進步。縱觀整個近現代史，可以發現，要求變革不是在某一個領域，由某一類人發起和完成的，而是全社會的要求。變革，已經成爲全社會的共識。

從清末民初的文獻中，我們能够發現一種豐富性。這些作品涉及政治、經濟、軍事、教育、外交、宗教、心理、情感等方方面面，從内而外地净化着中國兩千年以來的封建積習。它不衹是對社會的改造，更是對人心靈的重塑；它首重國家社會之建設，同時亦重靈魂心智之喚醒；它是宏大的，也是微觀的；它是嚴肅莊重的，也是活潑靈動的；這些作品結構精巧，思想内容深刻，擁有濃厚的人文主義色彩，對推動社會主義建設，實現中國夢有重大意義，是近現代中國一百年來最宏富的智識與情感的寶藏。因此，整理這些文獻作品，無論是出于資料保存的目的，還是爲圖書館提供資料副本，都有不可估量的意義。

特定時代下的文獻，當它一旦形成（既指草擬，創作的完成，也指其成爲一個載體），就不可再複製了，也就意味着它將面對消亡。對于文獻資料而言，越接近歷史事件發生的時代記録，越具有研究價值。文獻本身具有不可再生性，它衹會消亡，而不會增多。盡管文獻本身的文字可以保留下來，并進行傳播，却失去了當時的時代氣息。當時的作品可能在技巧上，文字的成熟度上不及當代，但它所負載的信息，創作者的情感都反映了當時的歷史，也就是説，它具有不可替代的歷史意義。

影印的版本有三個特點，第一是擁有文獻的『原始性』；第二個特點是『未經改動的』；第三個特點是『歷史的原貌』。所謂『原始性』，也就是説，它是第一手資料，而非轉述的，回憶形成的；『未經改動的』，是指未被篡改、删節、挖補的；『歷史的原貌』是指在影印製作過程中，完全依照文獻的原來模樣……這樣製作出版的作品，無异延續了文獻的壽命。

近現代思想史上的一個最重大的思潮就是『開放』，從林則徐的『開眼看世界』到蔡元培的『兼容并包』，都是在倡導一種開放式的胸襟。而《清末民初文獻叢刊》最有魅力的部分就是『開放』這一主題，衹有融入到世界文明發展的進程中，中華文明纔能歷久彌新。

《清末民初文獻叢刊》編委會

二〇一七年四月十四日

凡例

一、《清末民初文獻叢刊》（以下簡稱『叢刊』）爲影印本，舉凡所用之底本，均爲該書之早期版本。有清末刊本，亦有民國印本。

二、《叢刊》均依底本影印，未予删改，僅代表作者個人觀點，不代表官方立場；原刊本有誤，不予校改，以保留文獻之原貌。

三、《叢刊》所用之底本，因時日久遠存在漫漶的情况，均進行了修復；底本闕文、印刷不清，均保留原貌。

四、爲讀者閲讀之便，《叢刊》中之舊底本目録未標記頁碼者，編了目次；原底本有頁碼和目録，未予重複編目。

五、爲保持文獻的原始風貌，影印本保留了原書書影（原書爲多册，則保留第一册書影）、扉頁等信息。所用底本無相應信息者，則不予妄添，以免錯訛。

目録

使俄草

光緒二十一年乙
未孟秋上海石印

序

國家聲威震播遐泉泰西鄰封協輯啟關互市積有歲年

信使交通往來紛遝純風覺洽罔有內外悉主悉臣侏離

卉服仰慕中夏洵建中之上儀混一之隆軌也歲在甲午

伏遇

皇太后六旬萬壽聖節開天坤維禔福

皇上九重隆養慶溥垓埏

詔以十月令之春等來京隨班祝

蝦稱娀既成適值烏洛殊邦天驕嗣服

皇上講信修睦柔遠能邇
特命前往齎書唁賀思維弇陋思無以揚張槼組繢飾圭
璋用是考覈圖冊鉤稽戎索期以奉行俾無隕越竊幸經
歷九閱月往返數萬里躬所歷覽藉資質證凡諸聞見彙
入簡編謹成使俄草都為八卷敢敬紀其首端曰禹貢紀
要荒之域未擴寰垠周官志司馬之典僅賅中寓即至十
齋傳文鄉不離大連石九梯探穴國尚限於挹婁寸闢咫
秝非所以邳張乾樞楪貫璿紐也
國家金甌鞏奠車書大同矧俄自雅克薩一役以來定界

易約胥受羈縻世修職好載在盟府使臣謬膺斯選典禮
告成幸免失墜因率從官得遊歷英德法荷諸邦凡隸量
索閒關履跡雖五善美稱四達宏記有媿前哲未足云探
賾殨紘撟奇沈墨而百聞不如一見趙營平始條其便宜
視影不如察形馬新息乃程其驗效凡其蹶張十萬摽捎
三方鍛戟稱雄錐刀競祘襲屠耆之貴呈犂鞬之琛露紛
而謁祆神焚頂而親梵法與夫盛衰迭代之機沿革遷流
之故割據并吞之勢禍福倚伏之數竊懷纘輯鄙儳無徵
期以備夏官職方之掌佐

虞廷益地之規禨取譾言未躋方雅識者諒焉夫舛東西之界奮鵬翮而稽程誤轉注之方調鵝音而變響使臣不敏靡所取裁抑識未能免此若其緝熙帝圖潤色鴻業博我皇道宏我漢京是又責在振古襲奇之士承明著作之才非之春之所敢云爾也書成恭敘其緣起如右

光緒二十一年乙未六月二十四日臣王之春謹序

凡例

一日記及紀程諸編肇始於鮑明遠大雷之書而歐陽永叔之于役志陸務觀之入蜀記其繼起也其體例或繁或簡向無一定而隨事劄記莫詳於顧氏日知錄竊參用其法焉

一郭侍郎使西紀程曾惠敏使西日記薛京卿出使英法義比四國日記大抵詳於所歷程途亦間抒以議論然皆呈遞完各國國書即戛然而止未有記及歸程者茲條專使故仿出使

琉球諸記之例并於歸塗所歷一一紀之

一日記爲出使而作茲本專使其於各國之政治沿革似無庸贅然古人奉使當周知四國之情僞故是編於西擧之源流、山川之險易、民物之簡蕃、風俗之殊變、軍械之更新、隨得隨錄、若夫擇焉而不精、語焉而不詳、是則涉歷未久之過、閱者諒之、

一是編於國名地名人名如土爾基之即突厥西比里亞之即悉畢爾實即古鮮卑兒包社之即波斯實即古安息往往隨手錄寫彼此互異良由譯音本無正字不過

就載在往籍可考而知者間及一二其他行篋無書可
攷固未易引證也
一是書於朝紳讌會官眷茶會及樂戲跳舞各節罔弗登
記非瑣屑也入境必問從宜從俗固行人之所有事也
且亦以覘彼國之風俗梗概焉
一陰晴風雨似屬無關緊要然暑往寒來備嘗艱苦天時
所值未免經心至寒暑一表則俄國春冬極寒或無度
可紀巴黎寒暑自四十度至七十度而止均無庸記惟
自上海適香港雖在嚴冬亦必易裘而葛至紅海而熱

極更過地中海又復易舊而衰故須詳誌之以見地形
横圖熱帶寒帶之異軌焉
一行程之遠近遲速經緯之東西相距赤道之遠近相懸
祇就去時記之歸涂省筆非畧也
一專使嗐賀條屬創舉所有一切典禮都入記載藉資考
證
一使臣于役在外適當中日戰爭之時間有發為論辭本
人臣各為其主之義不無過激之處然義在有所不避
故不復加刪節鈔胥已定亦姑聽之

一是編所記於歐洲獨詳阿亞兩洲及南洋諸島亦畧紀焉蓋皆得諸聞見較爲詳塙者至美澳兩洲絕不一及非畧也身所未經目所未覩不欲以意爲揣測也

一是編準談瀛錄之例凡涂中所作詩歌即錄於後春鶫秋蟀有感斯鳴工拙在所不計也未坿圖說蓋亦猶是曩昔之例焉

目錄

第一卷

光緒二十年十月十六日至十二月初九日自京師奉旨日起及在上海辦裝日期止

第二卷

光緒二十年十二月初十日至十二月三十日自上海起程至除日止

第三卷

光緒二十一年正月初一日至正月二十三日自元旦日起至

抵俄都止

第四卷

光緒二十一年正月二十四日至二月二十二日自呈遞國書日起至由俄起程日止

第五卷

光緒二十一年二月二十三日至三月初四日自俄起程游歷英德各國至抵巴黎止

第六卷

光緒二十一年三月初五日至三月三十日以上並在巴黎

第七卷

光緒二十一年四月初一日至四月二十九日以上廷在巴黎

第八卷

光緒二十一年五月初一日至閏月十七日自巴黎起程至抵上海奉旨准假日止

坿錄條陳摺稿一通

使俄草卷一

臣王之春恭紀

光緒二十年十月十六日記

光緒甲午十月初十日爲

皇太后六旬萬壽嵩辰本年正月之春奉

上諭派來京祝

嘏九月適屆三年俸滿

奏請先期

陛見奉

批俞允遂於七月二十九日交卸在滬候輪小作勾留九
月初一日抵都翌辰即赴
宮門請
安初二日蒙
上召見勤政殿垂詢湖北鐵政織布各局並督撫臣及地
方吏治各節逐欵陳奏
上復因倭釁方開諭令條陳兵事即日繕摺呈
進初三日復蒙
召見諭以各條容當交議惟老湘營統領李光久鐵字營

統領熊鐵生兩軍准調北來旋即退出之春初念時事方
艱亟思奮勇前敵紓
朝廷東顧之憂而逾月未有成命十月十六日因翌辰須
跪道寓宿西華門外左近酉正一刻接準總理衙門咨開
光緒二十年十月十五日軍機處交片奉
旨著派頭品頂戴湖北布政使王之春前往俄國唁賀欽
此相應咨行貴大臣可也易貔貅爲鵷鷺以玉帛化干戈
簡書雖勞敢憚行哉
十七日晴

晨起盥漱衣冠詣北長街恭候

皇太后慈蹕辰初經過跪道恭送畢即馳回草謝

恩摺云奏為叩膺

簡命專赴俄國齎遞

國書恭摺叩謝

天恩仰祈

聖鑒事竊臣承準軍機處鈔交光緒二十年十月十五日

欽奉

上諭著派頭品頂戴湖北布政使王之春前往俄國齎書

諳賀欽此跪聆之下感惕莫名伏念臣湘中下士鄂省備
員江漢經營愧側來旬之職華嵩稱娖幸儕祝
嘏之班戴
澤莫名致塵無補乃荷
龍綸之賁于役烏洛之鄉典重交鄰矧值天驕之嗣服禮
隆報幣顧宣
聖德以懷柔聞
命自天抱慙無地臣惟有黽勉趨程敬忠自矢內必自崇
國體外期益固邦交俟到該國後就商出使大臣許景澄

會俄外部商定禮節日期恪恭將事奉
璽書而致覲循同盟贈慶之文傳
天語以申情固與國往來之誼用期仰答
高厚鴻慈於萬一所有微臣奉使感激下忱理合具摺申
謝伏乞
皇上聖鑒謹奏
十八日晴
丑正呈遞謝
恩摺蒙

上台見勤政殿
垂訓諄諄莫名欽悚
問聞爾熟悉洋務曾與俄主識晤對以辛卯春俄主尼可
來第二時為世子遊歷廣東巡撫劉瑞芬因病請假臣代
辨其事曾與俄主三次晤話並設讌欵接彼此均微有贈
答復
諭甲申年間朝鮮巨文一島英人曾泊兵船於其地俄人
恐其佔據屢來問訊詢詰英人英人以恐為俄佔與覆俄
遂與中國定約日後俄人斷不佔奪朝鮮地土令倭人乃

無故名釁佔據朝鮮全境俄人豈得視若無睹對以俟到
彼國從容與外部議及彼縱不助我將來亦免為其佔踞
朝鮮境土地步況今中俄交誼正孚當必秉萬國公法與
倭人詰難也又
問爾何日請
訓對以須俟
國書交下方可成行復
諭爾可作速催其辦理對以臣 即催其速辦乃退出

十九日晴

謁見恭邸禮邸慶邸暨軍機總理衙門各大臣午正謁孫
萊山司寇云前洪文卿星使回華諱又渠覲見俄舊主時
稱與中華素稱和好近因界務事件外人每欲離間我兩
國莫收漁人之利其實不爭此尺寸疆土致失和好煩轉
告
貴國大皇帝可也今新主嗣位循三年無改之義其志趣
當有勝於前王者按中俄接壤東西幾二萬里卡倫鄂博
凡一百餘所間以大山沙漠實爲天險其不足恃者新舊
之界既乖往來之路日闢初定互市於庫倫厥後有塔城

之約有愛琿之約有伊犁之約隨地交通罔有隔閡帕米
爾一地在葱嶺之西興都哥士山之北阿克蘇及阿母兩
河之間地方高峻俯視新疆一帶有高屋建瓴之勢
國家舊設卡倫嗣因水草艱貴稍減戍丁漸就荒廢載諸
內府圖籍實我疆土也申初楊虞裳部郎來輿之譚洋務
甚悉因即邀其赴俄襄辦籍資熟手夜分擬一摺稿請派
楊虞裳並隨員湖北候補知府汪洪霆特用府即選運同
舉人潘乃光知縣用廣東試用縣丞馮澤霖候選教諭徐
啟書草就已二鼓矣

二十日晴

是日午正移居總署使鈔檔冊檢得巨文島一案並與英俄往還各卷逐一翻閱所有要件遂飭手民鈔錄之查乙酉三月曾侯咨云英國佔據朝鮮濟州東北之安島一事當即遵電往外部詰問旋接該外部伯爵尚書葛蘭斐爾密咨聲明佔據韓墨爾登海口緣見別國有佔據此島之意不得不急於下手英廷甚不欲有損中國聲望願與中國相商立約以保中國之權利等語查韓墨爾登海口以中國字之地圖對其部位似是安島令與外部譚論即以

韓墨爾登立言又咨云該島既為英俄兩國爭據在我不能禁止該二國均不佔據俄人若據該島則與混同江口及海參崴等處呼吸相通其不便於中國較之英人據之為尤甚外部既稱不欲損中國聲望如能議訂一約保全中國上邦之權尚不至大傷中國體面按所云安島者實巨文島也丙戌三月又咨云前遣馬格里告外部云駐京俄使屢問總理衙門英廷佔據巨文島之意並云倘英軍永遠佔據則俄亦欲於高麗佔據一地侍郎克雷答云李中堂及總理衙門曾與英署使歐格訥言及退出巨文島

之事

中朝能否擔保必無歐洲別國佔據該處倘

中朝不肯擔保英廷亦不欲久佔此口願勸

中朝請俄國及各國會商公訂一約擔保不取高麗之地

英廷甚願入會簽名約內並願立即退出巨文島

甲午冬奉使俄邦暫移譯署夜坐書此

憑將玉帛化兵戎遠攝强鄰信使通

國體自尊仍禮讓邦交宜固仗和衷文繙舊約存盟府典

重新君更會同辛卯藩粵行巡撫事與俄世子接晤令新嗣即位奉書致賀譯署清

嚴聊下榻側聞天外有飛鴻

二十一日早微雨

往譯署午正往拜俄國駐京公使喀希尼晤面極稱敬肅

竝云聞將適敝國殆因許公使期滿前往接替耶余告以

此行係敝國

大皇帝因貴國新主嗣位特遣前往唁賀乃屬專使並不

隨帶別項差使又問欽使攜眷偕行否告以竝不攜眷聞

之覺甚欽異少遲旋云如此則我即電告敝國當以異常

禮數相待云云

二十二日晴

往譯署檢查帕米爾界務檔冊擇其最要者手錄之謹案帕米爾一地正居蔥嶺之間為新疆西境南北五百里東西四百里俄人譯作白彌爾北倚阿賴（一作阿來）南望雪山北印度之克什米尒屏其南布哈爾國處其西而安集延浩罕（今為俄人所奪設費爾干省）又列其北自昔為無雷難兜盤陀鉢和識匿諸國地括地畧云印度以北東起蔥嶺西抵裏海北接俄國者為西域回部其布魯特分東西二部帕米爾舊在回部西布魯特境內西陲要畧云巴達克山回部距英

吉沙爾西南烏魯克卡倫一千七百里喀什噶爾所屬卡
倫以外與布魯特連界所謂西布魯特也乾隆二十三年
大軍討回逆布魯特望風歸坿於是地皆内屬由喀什城
東北而西轉南設大小卡倫十七處外通布魯特西達霍
罕安集延皆喀什噶爾參贊大臣所專轄由英吉沙爾城
西北而南設大小卡倫十二處外通布魯特西南千數百
里以外至巴達克山皆英吉沙爾領隊大臣所專轄可見
蔥嶺左右栽皆設有卡倫則帕米爾内屬久矣巴馬即巴
瑪甯賽在帕米爾朗庫里地内十年前英俄和約曾載巴

馬一地歸中國轄約有明文奚事多煩脣舌也哉

二十三日晴

午正喀希尼來答拜云蒙遠使敝國已電達俄京以頭等儀文相待何時出京當來送行比辭謝是日奉總署頒發欽差大臣木質關防一顆

二十四日晴

住譯署晤總辦諸君託其催辦國書俾利遄行道光二十五年俄國君主因肄業換班學生入都繕進其國圖書三百餘種七百餘冊奉

旨交理藩院收存咸豐八年
文宗顯皇帝御筆圈出四十一種皆輿地圖畫之書進呈
乙覽其餘遂移存
方畧館同治八年復移存總理衙門書庫光緒十一年御
史趙爾巽奏請將俄人前進書籍檢交同文館繙譯鏤板
等語譯署覆陳一疏兹摘錄其畧云檢查俄文書籍圖說
現存六百八十二本當即傳同文館洋文教習會同俄文
館教習先將書目繙譯旋據總教習丁韙良申稱單内天
算地理格物醫學等書或六十年前或百餘前年所載不

如新書之詳備且道光中所稱彼土屬部地形與今日開拓形勢迥然不同彼時金山以南機窪浩罕以西呼蘭伯力以北猶未屬彼轄境安得云帖兒斯川及塔城北境如能譯出彼圖即可瞭如指掌矣故知俄人進書事在四十年前其時沿用舊法未必有裨時務應請無庸置議云云

二十五日晴

晨起寒甚積潦皆凍合飯後繕具一摺請派司員襄辦竝隨帶各員候呈進適李蓴園少司寇來譚京師團練事擘畫精嚴畿輔賴以安謐敘次甚詳悉也

二十六日晴

拜發請派司員等一摺奉

批依議欽此午正移出外城隨繕札調隨帶各員并電商

北洋調派聯守芳充二等繙譯官又咨總署調派聯員外

恩充三等繙譯官

二十七日晴

是日繕成檔冊粗就其大概者裝訂成本午正奉到唁賀

國書各一道遵即敬謹包裹封固擬備膳牌子呈遞請

訓後即可早日出都免封河後陸路動須遲滯也

二十八日晴

呈遞膳牌時奉奏事處傳

諭第一起入

見問國書領到否對以已經領到復

諭爾宜速日起行對是又

問爾放洋當在何時對以放洋須搭公司外洋規例船行有一定期俟到上海顧定船位何日放洋再行奏聞乃退出即拜辭各署王大臣酉刻移出外城次早備咨總署請領行裝銀兩

二十九日晴大風

西例凡有慶賀典禮各國應有儀物餽遺用敦和好之意查光緒十三年丁亥值英君主在位五十年之期舉行慶典總理衙門奏請致賀奉

硃批依議欽此

國書一道禮物各件計玉如意一柄紫檀木瓶盒一分（內玉香爐一件香盒一件玉瓶一件）玉山一座（有座）官窯瓷罐一對（有座）官窯青花白地瓷果盤一件（有座）白緞繡花掛屏二幅白緞繡花圍屏十四幅香茗二桶令此之行亦應畧備儀物乃代購得雙

龍景泰藍極大銅盤一對金玉寶石嵌鑲柾大屏風一對
金鑲白玉如意一柄暫利遄行餘擬購諸上海各處並預
飭人至通州先顧定船數號便參隨人等一並偕行飯後
送行者麕集接晤十數起乃畢

十一月初一日雪

早起乘車出東便門馬行泥淖深幾沒踝一路旨鏗顛簸
殊苦未初至方橋小鐙借禦寒威牴通已二鼓矣

舟發通州

河身如帶下征航賓從連檣與有光雲漢為章增典重

身賫國書未能濡滯旌旗得氣盡飛揚微波近岸氷初合警報連

宵雷正忙近日東事警報迭至獨立蒼茫空擊楫天時人事讓誰

當

初二日晴夜雪

在通候行李日午猶未見至申初始齊集即登舟催令速

發至張灣風雪大作乃停泊焉　案是河發源於昌平州

境內入内城十刹海出玉帶河至東便門外始通小舟然

盤閘而過既甚艱難尤須時日良由金元以來積漸湮嚮

故我

朝雖加疏濬猶未能暢行巨艦自今由通至津一路河身
亦復淤淺一遇大雨時行即患汎濫舟行或繞出村落之
中蓋西北水利近年雖經講求而潞水容譚一書若能遵
而行之安見非
畿輔之大利也哉
初三日晨雪午晴
曉起飛雪入窗見兩岸廬樹一白平鋪覺凍合玉樓光摇
銀海幾疑身入水晶世界矣風逆阻舟夜至蔡村駐宿
初四日晴

晨起見舟左右已有積冰恐封河催其速行並添僱縴夫數名至北倉已二鼓聞李傅相已於初一日巡洋尚未還津遂命暫泊

初五日晴

冰稜矗起與估舶相錚鏦一望前涂檣驅有如林立舟不得進改命肩輿入城己午初適傅相甫還轅遂進見傾譚極久詢巨文島及時事甚詳申初至何新如營中晤譚始悉旅順及船塢塢音顧念時局方艱請纓未遂不禁撫髀慨歎者久之夜不成寐復起與新如縱論一切各感憤咨

嗟比寢已曉色侵窗矣

到津謁合肥相國

萊公孤注究何曾失算銜亭自可矜時局如斯天不諒

臣心已盡客無能蚍蜉撼樹心徒壯龍馬精神氣尚蒸

驅鱷斬鯨終有待狂瀾初起任奔騰

折衝尚有老成人持節西行偶問津等是友邦聯信義

莫非王事任艱辛權宜須協華夷性柔遠期交大小鄰

詢得機宜好專對探囊秘計更生新

初六日晴

往晤李士周都轉旋拜盛杏蓀觀察因病未接見李勉林觀察招飲論兵事甚悉

金州旅順相繼失守得報慨然有作

天險生成扼島門廿年分布海軍屯金城棄後拋船隖白玉黃金那足論白玉山黃金山亦同時失守

尺地難防皮子渦鑄成錯字不堪磨覆巢未必無完卵避舍何期盡倒戈

聞見紛紛付異詞探來消息信還疑千鈞一髮忘輕重枉設東南水陸師

初七日

辰初接聯守芳禀稱毋年已逾九旬衰老多病勢難遠離此亦人之至情未可勉强其行乃改派李守壽田充二等繙譯官壽田字叔耘籍隸福建閩縣曾充出洋學生乙酉勘辦越界曾調充繙譯故知之較悉並發一電致福建譚文帥請派來滬云午正李都轉觀察以次來答拜並接晤申初何新如鄭幼惺招飲并衆參隨各員卅年交好誼重枌榆致可感也夜遣人至各船局顧定艙位據覆云連日太古怡和各輪因各官眷屬南旋者多艙位均已顧定

須俟禮定到津乃可預備房位

初八日晴

詢禮定船云已至大沽口遂遣人至招商局預定大餐房一間房艙數間冀免稽遲至夜云因潮不順須明午到津當俟十一日子正開行寒威栗冽時作封河之懼覩兵鄣康闓湖南湘鄉人病歿於寓樓念其遠從數千里外不覺惻楚為厚棺殮午發一電至鄂中調汪守洪霆來滬

初九日晴

五點鐘偕楊虞裳潘晟初竝季弟乘火車至塘沽羅權庭

軍門已派小火輪延候比至大沽早逾午正因導觀各礮台頗形鞏固營勇亦稱精鍊軍門宿將威望素著洵足為北門鎖鑰不竟為之喜慰席次邀來史光普協戎作陪譚及旅順礮力之鉅礮台之堅均非大沽可比令且猝為敵有深堪詫異然前車具在殷鑒非遙正不能不夙夜冰兢防維自固余謂聖人有云臨事而懼好謀而成軍門能不懈益勤是乃

國家之福斯民之幸鄙人夙同交契亦與有光寵也　按西人近日制礮臺營構日精厥式不一或尖或圓或蓋或

露或作聯堡子堡或陸路當衝作大礮台可以啟閉往來或水路當衝作浮礮台可以迎頭截擊此兩式較得力而所費較重然西人往往不惜物力甚至有以鐵造者究竟臺式明不如暗高聳不如低平鐵石不如三合土宜於山坳嶺曲隱蔽擊敵不宜孤露臺外須作斜坡不宜壁立扼要處須有數臺為犄角不宜聚礮於一臺臺後不宜背山以免敵彈反擊臺上不宜多人以免多傷將士臺上礮堂不宜寬以防炸彈墮落臺後宜有回擊小礮以防敵襲臺旁登岸處宜作濠堤暗伏連響快槍快礮以防敵人舢板

登岸如造連臺宜作犬牙形以便兩臺礮力相接夫擊臺
成後以礮轟試壞則更造極內一層須用灰牆外層用三
合土厚在三丈內外高低視地勢上下必與水路中綫相
準護牆宜成交角而不可成正角必斜至五分之一使敵
礮可斜拂而過上必設太平蓋以禦自上而下之礮子下
必設高隅堆以禦橫掃之礮子最下層宜有地隧加築堅
圍四面溝通溝外沙堆亦必迤邐照應水路宜建於灣曲
處必旋轉如之字形而後能駛行者之前方能使彼多受
數礮又可從前面後面為通行打法陸路宜於兩山隱蔽

及要衝之處近日西人新出地阱礮一種坎地爲臺藏礮於中上施鐵盖適與地平人伏地中其礮以水機升降見敵至則升礮擊之旣可乘敵於不及覺又使敵有防不勝防之慮而築臺工費可省倍蓰是亦出奇制勝之一術也

輪過大沽喜晤羅軍門耀廷史鎮軍光普詩以勗之

人世多參商好友徧星聚宦迹如浮雲故交逢舊雨公等鎮析津瀛壖砥一柱忽忽廿餘年經營早就緒大有儒將風不與噲等伍狂飈起東海砂石震門户島夷自

跳梁雷門持布鼓馬知坐鎮雄熱視若無覩旁人存戒

心當局轉安堵邊牆縱亡羊之野善搏虎我聞喜不勝

即令牢可補銜

命天上來遠涉風濤苦過此喜相訪暫停留强督倉卒聲

笑談往事歷歷數臨别例贈言真誠出肺腑當關敵萬

夫堅定莫予侮背水誓同心相依類車輔得失關氣運

神色漫消沮尺寸不輕讓普天念王土失機反偷生此

輩成腐鼠爾我皆湘人勢如靈光魯報

國心故長後會期步武前車慎昭鑒崇勳各力努所冀保

終始寸心可千古

初十日晴

已正移上禮定船何新如軍門鄭幼惺太守王勉齋司馬復邀小酌參隨列坐盡歡始散十點鐘返輪夜濃霧須明始克駛行云

十一日晴

由紫竹林至大沽口水勢屈曲作七十二灣河道迫狹估颿坌集輪舟未敢暢行沿涂復小作停頓日午霜風凜冽寒氣砭衣兩岸殘雪皚皚磋玉堆璚如行琉璃境界惜不

能鑪茗焚香題蕉掃葉倣坡公故事鬮北堂壁尖义險韻也

十二日晴

丑正已抵大沽口因潮淺不能巨行舟終夜鼓輪盤旋如驢踏磨已初始潮漲駛行出口回望北塘蘆臺一帶舊壘蹤跡覺鴻爪雪泥歷歷如竊不禁爲之慨然

十三日晴

午正見水色驟黄蓋適當利津海口黄河發源星宿海西人所稱罔敦碓腦者也行七千四百餘里受渠一千七百

餘自龍門以下豫兖之間土性鬆浮河無正軌不南趨淮泗即北奪大清徒駭等河兼兩岸竝無名山束之故奔騰湍悍挾泥沙以俱下至海猶渾濁如此查治河一道自宋六塔河一決議論紛紜要以蘇文忠爲得賈平二公遺範潘季馴起而爲束水刷沙之説始行之不無小效然河身不能無坐灣水行曲則力易弱而沙不可得刷矣凡此皆與水爭地之過也漢世論者動曰齊桓公塞九河以自廣竊謂葵邱之命無曲防亦安敢自蹈不韙若此乎且塞河圖以自利精衛之木石必不勝洪流之淘瀉役萬民而成

之桓當時亦尚無此勢力善乎禹貢之言曰同爲逆河解
者謂河初分爲九至近海復合爲一不知非也同爲逆河
云者播散其地使寬而廣之可以逆受海潮沙得潮導而
行之俾不至易闕塞且河近海而播之爲九口門既多駛
流自暢又復寬舒可以受潮故能行所無事非謂復合爲
一河也周初由燕至齊地方八百里中無封國焉蓋讓地
以行河也王政不行河身日淤齊桓惮其難而不復浚治
又因肥沃而土田之故論者以是歸罪耳今治河不祖貢
讓平當之策而强爲築隄行水之法庸有濟乎懸巨燭於

廣庭而眇者闊焉其謂之何哉近荷蘭之來因河美洲之密士失必等河洶涌瀰湃從前頻年之決今始得法亦用築隄障水之法然皆寬餘其餘地且裏隄之外又多為遥隄兩隄中間更多為格隄如方罫然故遇有衝決祗此一格之地所傷無多且修復取土亦易為力是正可仿而行之耳

十四日晴

卯正始抵煙臺即乘小火輪登岸拜會李鑑堂中丞後旋在劉鄉林觀察處小酌彼時李中丞答拜未晤劉觀察復

送至舟次殷勤不忍言别午正啟椗乃辭去申初過威海
波平如砥回眺成山朗若列眉不勝去國懷鄉之感煙臺
即古之罘島昔僅漁民耕户結茅而居今則經營周密有
輪車以往返威海有電綫以通連内地商旅輻輳民物殷
闐亦一大鎮也威海在煙臺南一百三十里輪船行四點
鐘陸路乘馬約十點鐘可達距了蘆蛇島六十餘里在雙
公灘及深水灣之中水土温和巨艦出入極便門户有二
雙公灘之東西各一均設影鐙以㬲船艘出入城建於近
西山麓而西面門户尤窄輪船寄椗皆在劉公島以其水

深浪靜雖東北風大作無虞也

十五日晴

昨夜已身入黃海午正始過茶山至上海已酉正矣黃愛棠大令遣僕來云經預備行館於天后宮旋乘馬車至館安置一切已漏下三鼓矣隨發一電致李中堂論中日戰事

十六日晴

晨起聞邵筱村中丞同住行館中衣冠會晤後即入城拜會聶仲芳廉訪劉康侯觀察廖楚材參戎黃愛棠大令並

租界中會審各員甫回各官紛來答拜復接見數次

十七日晴

昨晨法領事呂班適兼代理俄領事遣人約本日十二點鐘來拜飭僕預備西洋酒果以俟午正偕繙譯官來坐譚片刻並云辰下各邦輪船現值歲暮均不開行西歷正月初五日即華歷之十二月初十日法公司第一號輪船撤拉濟開行當為代寫船票並屬船主豫料一切余稱謝者再去後劉觀察聶廉訪來拜復見客數次申初遣人至法領事府約明日午初往答拜夜得李傅相覆電云倭氣近

日稍戢榆關可以無虞聞之欣慰

十八日晴

卯初繙譯聯渥軒部郎恩由京繼至午初偕往答拜呂領事譚次亦出酒果相餉蓋西例也夜分兀坐念放洋尚須浹旬鄂中經手事件尚多未了順直賑捐款項一節尤關緊要擬明日趁此閒暇乘輪赴鄂且使臣須往見南洋恐有交涉事件就近可以咨詢一切此行便道金陵即謁見制軍張香帥計往返只十日尚無礙於出洋日期也隨發一電至江甯屬三弟季棠借一舢板來江口便駛入內河

十九日晴

夜乘元和輪船戌正開行亥正出吴淞口黄浦徑二百五十里逶迤入海相傳為楚春申君所鑿明夏忠靖海忠介又從而濬之於是吴淞江之水皆滙於浦自一分南滙再分川沙吴淞已不屬之上海然川沙以三沙間雜參互於海面若能重築成壘固亦天設之險也

二十日晴

午正過江陰至鎮江已三鼓矣曹潤生貳尹來謁鎮江本昔年屯營之所與瓜州正對兩淮鹽艘蘇常糧舶之所常

出入固當屹然倚為重鎮然象山礮臺稍嫌孤露焦山四面受敵終不如圌山關之灣環扼要也

二十一日

卯初至金陵李棠弟偕其幕友黃瑞初來迎云制軍張香帥本擬於昨日出巡江海各口聞兄將來南京留候半日因亟乘肩輿入制府請益承教計兩時許又談及汪守洪霆現有鐵政局鎗礮廠經手事件未便易生手屬另派一人比即應允告退隨蒙答拜先後出城

二十二日晴

晨起來答拜者紛紛見客十數起申初復乘小舟至江口
候輪即假招商局爲寓宿地金陵土厚水深崇墉峯固固
自古帝王之都也六代以前城猶濱江厥後流益北徙乃
至距江十里自大勝關至九伏洲一帶皆需艟艨戍守防
險視昔爲尤重焉

二十三日晴

卯正坿江永輪船上駛未正過蕪湖唐藝農廉訪回黔高
力臣許步青兩軍門同向湖南招募新軍並乘此輪各晤
譚甚久

二十四日晴

辰正見小孤山健筆凌霄奇峯聳翠左顧廬山如列屏錦猶想見彭宮保當日縱横戰績十萬軍聲齊奏凱彭郎奪得小姑回真乃千古佳話也小孤山昔屬安徽望江縣治地與岸接可以徒步登臨今乃成爲江中孤嶼與鎮江之金山正復相異高岸爲谷深谷爲陵江河遷變安有一成不易之局也哉

二十五日晴

黎明抵漢皋過江已辰正矣進署後拜陳右銘方伯并過

惲崧耘觀察來晤承邀便酌暢所欲言席散魯謁譚敬帥

詢東事甚悉竝詳示以湖北一切新政云

朝廷催陳右銘方伯赴直隸賡甫觀察已署臬司而龍仁陔廉訪又未到鄂淮軍潰退之餘熊鐵生各軍北上此間薇垣一席籌兵籌餉用人行政一切殊非易易余以崧耘賡甫均可勝任對又云余前請募軍北上亦知前敵諸軍已成暮氣萬不可恃倘得遂所請當不至糜爛如斯而

朝命以封疆任重未蒙

允許枕戈磨盾時與撫髀之歎與閣下一腔熱血更從何

地灑栽旋辭出拜候各寅僚回署已日晡矣

二十六日晴

兼督憲譚敬帥來答拜坐譚半晌始去晚間將順直賑捐

款項各節交代就緒始寢

二十七日陰微雨

未刻譚敬帥招飲回署已二鼓矣將署中經手未完各件

一一清釐完竣俾伀耘觀察知余明日當附鄱陽輪船下

駛來函云已置酒作陽關之餞亟覆函辭之

二十八日晴

晨起赴各署辭行即乘紅船至漢陽晤高力臣軍門論近日軍務兩刻復以吳朝傑軍門之世兄託之蒙允爲卹孤之義云復渡漢水辭別惲崧耘觀察並道賀其明晨接署藩司也鐙後至鄱陽船滇督王夔帥適同㠶是輪至鎮江遵陸北行因便朝夕共話極蒙青睞率成七古一首呈夔帥

王夔石制軍奉

召北上適同江輪便呈二十韻

貞松礧砢神仙姿棟梁華夏槩四夷老懷益壯志扶日

目營八表撐天陸昔莫赤嶽毓蘭芷楚材芬馥沾溉滋
四境無虺歲和樂渥澤福我羣蒼黎衛皋微旺隸行部
爭如孩赤依母慈詎思曾無間婦孺依戀何論峴山碑
天移福曜溥寰宇祕贊中樞宏坤維公捷皇皇未忍別
廉頗常存用趙思鐵甕城邊迓絳節恍披雲翳瞻朝曦
睽別琴尊十五載粵鄂宦轍遥分馳君實未容園獨樂
六詔勞公魁瘡痍再乞田里
詔不許倚如右肱資扶持趨朝
聖顏知有喜坩驥恰逢江水湄海鶴精采邁韓范天人欽

仰神為怡方今島族未賓服

國步日蹙雄豕罷義憤填膺血逾熱誓將雪恥追軒羲倭賊聞之應膽裂羣鯢當作釜底麋鰊生于役向烏滄禦韃惜未待鞭箠擊檝中流志慨慷捷書延晒飛紅旗浩歌一曲當一獻欣公勛履常康綏

二十九日晴

晨起過九江發一電致曹潤生為蘷帥代借招商局暫駐㦦惟復憶陳右銘廉訪同舟三載投契至深自昔兩司每多違異而公於諸事皆和衷共濟有如笙磬因作一函留

之鎮江復屬代備酒以當話別從此雲山睽隔未知重逢
何日每一念及能不依依

三十日晴

申正至鎮江送王夔帥下船畢適楊虞裳至象山謁張香
帥亦在此登輪埘行不謀而合殊快人意

十二月癸卯朔晴

辰正輪泊上海即乘馬車至行館繙譯李守壽田由閩抵
滬至是來謁即付一札與之竝改派蔣牧金生管支應亦
付一札與之兼屬速治行裝云

初二日晴

部中丞聶仲芳廉訪劉康侯觀察各來話舊逾時乃散隨

接到許竹篔星使來電云俄外部擬以頭等公使接待洋

文可即用頭等字樣比覆一電云頭等字樣須電商總署

使臣未便擅專云云又總署來電允劉觀察照撥銀貳萬

兩

初三日晴

擬拜發起程摺稿並咨總署隨派魏縣丞業篯充作供事

暨武弁二人午後鄭陶齋觀察招同人赴四海春洋樓便

酌快論近日吏情娓娓不倦兼送所著盛世危言數部王
紫詮廣文來譚蒙抄送帕米爾界說一卷
初四日晴
兼俄領事呂班來拜隨備酒菓以相酬酢申刻邵中丞復
來久坐與論俄事甚詳中丞昔同曾襲侯在俄日久云俄
境此時天氣極寒準英寒暑表鍼縮至無度可紀四季衣
服皆須備帶君至俄當在正月杪若至三月杪或可無需
重裘耳問涂必經來軫何幸作指南之告也
初五日晴

何青珊丈自揚州海樣弟自鄂渚季棠弟自金陵均來送行飯後荅拜呂領事云撒拉擠法公司準初十日開行業爲招呼一切歸即飭繙譯李聯二君購定頭等艙位船票三紙二等艙位船票六紙三等艙位船票十紙合計需銀約三千數百金而火車房棧尚不在此數内費用固無從預計也

初六日晴

乘馬車至各處拜客一周上海雄峙東方爲松江一郡屏蔽雖三面環水足資控禦而黃浦以西所距嘉定青浦實

為通衢設有寇警卷甲束馬疾趨半日可至其自江浙交界金山衛至者沿塘捷走迅於飛鳥同治壬戌粤賊壘陷金陵奉南川四城即由此入邑境浦東一隅悉遭蹂躪要之防海則重吳淞而川沙崇明亦關緊要防陸則西北兩門以外為法華龍華楓橋虹橋皆當扼要而浦之南路尤以金山衛為門戶無事則設汛置官有事則築堡屯兵不徒為斯邑保障已也倭䑛雖張而此間屬通商大埠原無慮長驅直入有礙公法兼有蕭雲卿劉泰卿徐芷香所統諸軍分布紮屯尚稱周密為之一慰

初七日晴

呂領事先兩日備柬邀同繙譯李聯兩君於晚五點鐘大餐在座西官約十數人酒炙紛騰觥籌交錯極中外一時之盛

初八日晴

繕就各摺片即拜發竝咨行各國使署及南北洋大臣至邰中丞處一敘云已奉電諭令在滬守候俟張樵埜侍郎來或當共作東瀛之行

朝廷撫卹藩封遣兵代為靖亂而倭人罔識唇齒之義𢅥

故搆釁毀我師船蹦我邊境孰曲孰直公道自在責問之
使固不可一日緩也

　邵筱村中丞將赴湘中調任適有日本之行同寓
　於申江使館朝夕快論先得我心偶成四章即
　以贈別

宦海當年共放身公能一柱砥中流曾從歇浦持雙節
更向湖湘擁八騶雲鶴翱翔何自得人龍夭矯不相猶
台瀛借箸旋遷地遥扼東南亞細洲
主持時局待商量盛氣飛凌百谷王羣小冰融番社靜

三台雲護海天長（台省有中南北三部）負嵎忽託南山虎大道休
忘歧路羊何意
帝心隆簡在放開眼孔渺扶桑
乘槎謬許託張騫
鳳詔高銜下九天
朝右向風殊恐後海隅出日敢爭先人知姓字溫公重虜
懾聲威富鄭賢祇惜此行難坿驥揚鑣分著祖生鞭
風土曾稽烏洛侯松花江上裁邊陲友邦豈必同中國
皇極何嘗外四夷禮屬可行當自主（奉命雖非全權祇期盡職而已）事

緣經過讓先知公曾使俄何期昕夕同行館借證南鍼快聚時

初九日晴

晨起至各處辭行午後來送者例為酬應自念時事艱難數萬里風濤險遠在所不辭但願輯睦俄廷朝廷不復憂西顧俾得一意東征各將帥努力同心膺功早奏是則使臣之幸也且火輪舟車日行千里道塗雖遠較之雲貴新疆勞瘁亦復相等柳往雪來分所應爾惟古稱專對之才必能折衝樽俎有光壇坫自維謭陋未免時

深隕越之懼耳深夜就枕不復成寐

使俄草卷二

臣王之春恭紀

光緒二十年十二月初十日晴

卯初起詣天后宮大殿行香顧念時事方艱
皇上宵旰憂勤臣下何可自耽安逸所賴
聖主威福神靈效順庶海波爲之不敭潛心默禱或當有
應祝畢賓朋送者坌集龍仁陔廉訪來訪匆匆一譚隨答
拜相遇諸道遂改由虹口急乘小火輪至吳淞鄭陶齋觀
察上海黃大令均來送行兼俄領事呂班亦至臨別握手

意茲貺摯季棠海樣兩弟龐麗生貳尹先至寢房偕之閱視全船船名撒拉濟計長法尺一百三十邁當又八十四桑的邁當（每邁當合工部營造尺三尺有一寸每一邁當為百桑的邁當）計長中尺四十丈又五尺五寸寬十二邁當又六十六桑的邁當計寬中尺四丈零一寸滿儎時食水前五邁當後七邁當頭等艙位八十六二等艙位四十四三等七十四共計艙位二百零四馬力六千匹氣力得馬力四分之一（氣力即每點鐘壓力）行二十一米勒（每米勒合中國三里又每百分之三十四）每三米勒合中國十里儎重五千九百零八噸余與虞裳晟初居頭等艙余房

獨在船右中設一榻旁榻橫設餘地頗寬舒船主名博羅亦法水師兵官也按法公司船共六十二艘在中國日本海面者十三艘成本約五六百萬金攬載客貨入不敷出由其國家每歲津貼一千三百萬佛郎管事及水手並水師中員弁意在練習海道風濤沙綫駕駛測量等事為用武之備也船主因余係專使特虛一艙備不時看書憩坐用示敬意自船主以下脫帽行禮儀文備至不得以彼族外之也酉正突煙噴湧氣笛瀏亮送客並去舟旋開行偕行者襄辦楊虞裳部郎宜治參贊潘晟初司馬乃光原名志學

隨員蔣壽林刺史金生馮慰農貳尹澤霖徐蕘塏廣文啟書魏伯琴貳尹業篋繙譯李叔耘太守壽田聯渥軒副郎恩武弁二人整容一名廚役一名僕從九名戌正過普陀山西人名之曰果臘夫船主至此始不用帶水亥正過鎮海舟右見虎蹲山燈塔甚近

十一日晴

晨起飲加非茶法公司船例日凡五餐早起或飲茶或加非茶非或蘇格辣隨客自便加非出南洋各島性善銷食蘇格辣用牛乳雞豆粉為之宜補益九點鐘早餐一點鐘用牛肉汁晚五點鐘午餐夜八點鐘復用茶點早餐後登艙面遠眺浙東溫台諸山蜿蜒瀕海勢若趨壑

漁舟數十小如一葉隨風蕩漾頗有畫意倭女一人作西裝數西妓自上海演馬戲還香港嬉蕩殊甚善乎倭人岡千仞之言曰我國世宗隋唐自維新政行一旦盡改西法徒飾外觀殊非本意云云今頓棄孔孟禮教欲驟致富强終難維持久遠馬上得之庸可馬上治之外强中乾國債日積方懼其無以善後自救不暇乃欲侵凌我中土令平壤一帶雪深五尺無衣禦寒多凍死此殊天欲亡之先故張之之候鷸蚌相持何其愚也午正懸牌行二百七十四米勒合中國九百一十三里至香港五百九十六米勒北

京偏東四度七分赤道北二十六度三十四分寒暑表六
十二度
十二日晴
晨起舟人云正過厦門水澄碧作蔚藍色四望空闊惟見
海鷗數十隨波上下厦門與台澎正對乃全閩之屏蔽海
軍於此亦宜設為重鎮庶南連兩粵北控江浙聲息靈通
即南洋之防以固午正懸牌行三百三十四海里北京偏
東二度五分赤道北二十四度四十分寒暑表六十七度
十七日晴

巳初抵香港在赤道北二十二度十四分北京偏西二度十七分由上海開行越五十八點鐘而達計程八百七十海里合中國三千二百里香港與九龍對峙東西三十三里南北二十二里峻嶺嶔嵜聯峯崱屴最高處幾二千尺形勢四圍環抱其大街名維多利亞即英女主名西國名地多有如此類者餘則上環中環下環由北以次而南闤闠駢羅環貨山積居民共十七萬人英人八千各國人二千華人約十五六萬閩粵逋逃莫此為甚華洋隔絕中國官不能拿問薛叔耘星使在英時議設領事已有成說卒因循未果惜哉甫

下椗粤中舊日屬僚及舊部將弁紛紛來謁者二十餘起港督遣都司來見余命繙譯聯君往答拜之巳正由大輪登岸至洋館小憩用機車升至五層樓上車製方若小室約容五六人以手撥捩隨機上下殊省足力未正許少儕應鏘劉吉六光廉黎鏡臣中配蕭文峯炳藩李子華祖榮曾俊臣瑞琪張亮臣光裕劉舜卿厚桐彭少南恩桂許芝軒炳耀及其弟苓西同至山巔大餐巔置爐鑊以鐵索懸輪車上下甚便會者二十餘人自開港以來華官讌集此爲稱首平生知舊遠來迓送情意殷渥殊可感念酉正余

亦讌諸君於山半極一時賓主之歡是夜即宿洋館水師統領張楚斌軍門營官柳懋亭參戎均趕至一見午正寒暑表六十八度

十三日抵香港粵省官紳餞於山巔之洋館走筆誌謝即東許少儼蕭文峯李子華張亮臣曾俊臣劉吉六黎鏡臣許芝仙諸君子

尋常酒讌無新鮮官場禮數亦徒然主人情重出新意
奇肱飛車臨山巔廣坐能容數十輩爐鞴鼓行機螺懸
凌轢四旁瞰八極俯觀滄海恣洄漩異方珍膳紛駢羅

揮灑豈復論金錢有酒如淮學再獻食單巧裁雲藍箋
僉云俄儲昔宴此觀周季札開賓筵以令較昔似猶勝
天為放晴祛雲烟天使固應有厚福望重四夷皆天緣
部民屬吏竝歡迓不約而同相後先諸君言此我殊媿
撫衷自問焉能賢方今時局正多故
九重宵旰常憂煎遠適異國邇北極敢云乘槎追張騫漢
之蘇武宋富弼或能反經或行權

國體當尊不辱
命茲行豈但邦交睠夾谷昔會歸汶田非曰能之願學焉

計程往返需半年歸帆應在黃梅天公等破顏我掀髯

霓裳再詠來羣仙書此為劵志申謝臨行聊續進酒篇

十四日晴

大鵬協陳崑山來謁並邀飲水陸珍錯備極豐腴兼派小火輪送回各客送行畢午正開行寒暑表六十九度出口風順船平水見黑色放雞洋一帶島嶼相接隨在可避風停泊巡緝尤關緊要是夜過水東硇洲回首頻年宦轍所至幷勘辦中越界務黃茅瘴癘毒霧薰蒸息息數歷寒暑恩之不覺黯然

十五日晴

卯正南行偏西三十度水澹綠色地當瓊南遠望五指諸山微見皴痕有如徐熙澹遠山水午正行三百二十米勒入安南界北京西五度二十分寒暑表七十四度自香港至西貢共九百一十五米勒合中國三千四百七十里自入越界至西貢五百九十五米勒合中國一千九百八十三里在赤道北十七度三十五分午後陰酉初微雨行艙面見日本潰卒數人問之云因朝鮮無皮棉衣頭面手足皆皸裂不獲已將逃之西貢佳兵不祥倭奴將不戢自焚

中朝若乘此機會迅加掃盪彼三韓土地何至有鰕鬚蹤跡天假之時失此不計後何能爲然彼士卒之逃不之神戸長崎而之西貢此何故也噫

過海南

鐵度指南來洋洋亦大哉

新恩持玉節熟路過瓊台海市神風引皇華急雷催遥知

西貢近撫首轉低徊

望海防

月色如銀過海防越山無恙擁青蒼可憐遠近都如畫

不奠民居屬虎狼

十六日卯正微雨辰初晴

舟過廣南灣入七洲洋中極簸蕩遥望見祿奈諸山午正行三百三十米勒合中國一千一百里北京西七度十五分巴黎東一百六度五十四分在赤道北十一度四十分寒暑表七十六度越南未屬法國以前其全境分南北左右四圻以廣治廣義兩道為左右此外二十八省以清華乂安河靜宣光廣平甯平南定興安河內興化海陽廣安北甯諒山太原山西高平十七省在橫山廣平之北是為北圻山之南

即富春省是為安南國都廣南富安廣和平順邊和嘉定安江河仙永隆定祥等十省皆在國都之南是為南圻邊和嘉定安江河仙永隆定祥六省今為法踞南圻僅存四省而已紅江上源過雲南過洱江其色變黑為紅故稱紅水江亦稱洱江兩岸即山西宣光興化三省轄地江流自西北合宣江之水東南流又合珧江之水東南流故亦稱三江三江合衆小水流至河內之西匯為浪泪湖亦稱西湖又分流環繞河內越海陽入海江北至宣光高平諒山廣安海陽六省其餘北圻十一省一道均在江南安南地

形如杵南北極寬中有高山橫亘西界滇緬暹羅山北至山南不下千里皆傜野人向無行人往來山之東頭至海山巔為廣平闊闊北為廣治其北即北圻也自秦開嶺南以交阯隸象郡漢武置交阯九真日南三郡光武中興以任延錫光為交阯九真守教耕種制冠服始知婚娶立學校女子徵側徵貳反馬援討平之建安中改為交州前五代並因之唐初改安南為都護府安南之名始此五季梁貞明中為土豪曲承美所據丁郡領討平之宋乾德初上表內附詔為安南郡王自是復為外夷中歷黎桓李公蘊

陳日熙黎季犛迭相篡奪永樂二年命朱能張輔沐晟等
討平之復立郡縣後因中官馬騏貪黷誅求盜賊蠭起宣
宗遂決意棄之尋莫阮陳黎篡奪相仍入
國朝貢獻不絕故仍其舊咸豐八年法兵船突至廣南之
瀼沱汛未能逞志轉向南圻同治元年攻取嘉定邊和定
祥三省强與越和六年襲取安江河仙永隆三省仍迫與
立約光緒八年復襲取河内甯平海陽南定四省因遂脅
服爲屬國亥正至瀾滄江口停輪候潮
泊西貢書此紀之

天實物華行處有富貴眞臟君知否炎荒朽壤成膏腴
海國擘畫啓戶牖君不見西貢一隅華岸隄近年富庶
屬巴黎車過六街水流走樓高百尺綵鸞棲夷場華界
復分壤估舟鱗次湄江上賞心更闢大花園不惜餘地
留空曠四靈聚族百物生池清草淺皆天成如入畫圖
意閒遠別開風景勞經營奈何重征到人稅取盡錙銖
利會計儼然重鎮截南圻未必美利無流弊要知有人
乃有土開國立家在自主盛衰興廢轉移間既悔亡羊
牢可補百端交集心上來擊鐵如意傾金罍南洋商埠

此較近互相雄長風氣開中華行政尚寬大安土重遷無招徠域民不藉山川險足用空籌天府財畢竟古今異時勢咫尺遷變需化裁邦交自古講信義中立不倚策風雷六合以外不論議區區富強胡為哉

十七日晴

已初進西貢口舟北行少西東岸山麓曲折入口里許山半凹處法人於此築礮台鎮之按此口有七十二灣彷彿大沽極狹處止容一舟盤旋法睥睨久之咸同間教案再起因割六省議和恃險而弗設守甲申之役宜其愈弱而

不克復振也午正偕從官乘馬車往遊大花園木棉秋海
棠桄榔蕉竹之屬羅列成行鳥則鸚䳇鸛鴿鵜鶴鷓鴣吐
綬各族具備獸則虎豹熊猿田鼠箭猪之類又畜象一頭
命屈前足使跪與之錢解以鼻拾取就鐵檻旁購香蕉食
之亦一奇也西貢初設巡撫近添總督兼管東埔塞及東
京諸處東埔塞土音轉為金波作亦曰甘孛智即古真臘
國也土產棉花亦曰高棉故又譌為南蠻今亦服屬於法
法設官像護之國王坐食廩俸而已西貢在赤道北十三
度十二分北京西九度十六分居民約二十萬人土人男

女竝蓄髮跣足長衣窄袖官紳亦然女子則頸足皆飾以銀圈喜食檳榔故唇紅齒黑屋宇或全以箬葉為之亦有以磚砌者而制甚卑入必低首喪葬亦同華禮亦同中國文字子弟入塾授以詩書訓以孝弟近亦多習洋文矣華人寓居者五萬餘人皆在隄岸曾侯日記作勻倫實則土稱曰柴棍或以滾舌音呼之或以唇音呼之譯音互異故凡各國文字使數繙譯譯之往往彼此各殊不能以一致也法人征稅殊奇曰進口稅地基稅招牌稅房稅貿易稅身稅凡六項華人身稅分三等上等每年八十五員次四十員次九員半柴棍去碼頭十餘里中皆村落間以蘆葦叢樹菜畦少

店鋪故開鐵路以火車儎客每一點鐘往返三次越人嗜鴉片每年至徵稅一百二十萬員法人藉口辟瘴近有畧爲染指者印度人尤嗜此印度既獲其利自應兼受其害理數之應也余謂西人創造火輪互通東西成地球一大變局竊意利害二字常相應茲至西人以煙土毒中國廣收其利者近百年物極思返濡染必及再百年後恐英人亦不免此患也目下法得越南極力經營賦斂苛煩所入尚不敷所出而煙弊且因而乘之持久無術豈僅猶石田之獲也哉

十八日晴

早起至西貢碼頭偕參隨各員飯合公司樓菜饌數品較甚豐腆飯後登舟未正開行至暮始出口一路沙平水淺雜樹亂生小港縱橫四布魚舟三兩出沒其間幾疑行吳淞江上也是日寒暑表八十三度夜大風舟極顛簸

十九日晴

晨起風猶勁水深藍色舟南行偏西午正行二百八十二海里寒暑表八十五度赤道北三度五分北京西十二度十二分巴黎東一百零三度四十六分南圻出產以米為大宗商務亦以

米為關鍵歲產米除供民食外米價約可得洋銀一千二三百萬員均係運往中國與南洋各島售米經華商者十之八九故南圻米市之利華商獨擅之法人論南圻事者有舍粟米無出產舍華人無生意之說米麥麻豆之外亦產皮革材木魚鹽木棉骨角毛羽漆絲靛椒燕窩魚翅之屬歲得出口價約洋銀四百萬員進口貨以洋布魚網為大宗次五金之屬次煤次雜貨夜過吉連丁嗎奴海面

二十日陰

午正行三百三十三海里合中國一千一百十里寒暑表

八十八度未初後行二十二海里抵新嘉坡總領事候選
知府張振勳弼士繙繹知府那三華祝直隸州劉玉麟葆
生隨員刑部主事王樹善杉縁教諭陳國經鋤圃筆帖式
沈銘鼎之縣丞金維楙石聲供事州同銜葉卓林吾莊來
謁並備馬車迎余及參隨各員行三四里至領事府讌敘
便至博物院一觀當門置象頭骨一具甚巨既入則虎豹
犀熊腥腥猿鼠之屬為一室鸛鶴孔雀鵂鶹鴕鳥之屬為
一室各種水族鱗介之屬為一室鼉龍蟒蛇蜈蚣並大逾
尋文玳瑁螺蚌各種奇形怪狀不能一一悉數均各用藥

水傳之完其皮革實之以草植立如生牌示其名竝注所出之地其他若中國船櫓水車紡具之屬舉依式製一小者以資考究蓋西人留心格致非僅用為觀玩之具已也詢胡家花園云瓊軒歿後家驟落今已售去命車往遊則山花夾道杉柏欉櫚桄楓葵扇各種嫩綠柔青爭妍貢媚竝如中土仲春時候所畜猿熊鴕鳥各物亦間有之未能一一備具也復詢陳金鐘云已前年歿其家今亦中衰詢柔佛國王云去此二十餘里渡海峽即王居國王善英法語言文字雅善酬應故英人喜之國中政務尚能自主此

地本柔佛屬地（譯音亦云息力）嘉慶二十三年英人奪踞之名曰新加坡又作生架坡又名息辣英人不收身稅故華人趨之若鶩遂成巨埠薛叔耘出使時云閩廣人約十四五萬今且二十一萬餘人矣此外英人二千餘土著阿剌伯印度巫來各種亦止共數萬人然英稅華貨獨苛洋貨每百不過抽五華貨則每值百抽至十餘元不等此殊未足以持平也又云暹羅之濱角各屬地華人近已二百餘萬（此地應設領事）麻六甲百五六萬檳榔嶼約十八萬餘人去新嘉坡千二百餘里又荷蘭屬地若婆羅洲噶留巴西里百爪哇

蘇門答臘淵子底摩鹿加各島共四十餘埠計百六七十萬人土產白糖約六千萬餘石加非約二萬萬石及各色呢羽昔海禁甚嚴華人出洋者猶若此其甚今自薛叔耘星使奏除此禁計英法俄德荷日諸埠當日盛一日禹跡神皋生產實蕃得此為尾閭之洩正不可謂西人之無造於我中國也弼士居此間三十年人極練達與華洋交涉皆能持平今自本籍大埔涖此甫及二旬云由此至新山一百里華人十四萬餘今設副領事一人新加坡麻六甲檳榔嶼全境英總名司典來脫譯言海峽舍脫門此譯言埠也土產

錫鉛白鐵蔗糖胡椒椰子沙籐紫菜甘蜜瀛寰志畧作甘蜜薛叔耘謂即檳榔膏以今考之實即染綢之著莨也一名孩兒茶降香蘇木香茅油犀角象牙江珧柱燕窩翠羽文貝螺蚌之屬五穀棉花皆自他埠販來地距赤道北一度廿分北京偏西十二度三十九分巴黎東一百零十一度二分由西貢至此六百三十七海里合中國二千四百二十一里土著人黝黑蠢陋如鹿豕男女竝蓄髮跣足上披紅袱下圍紅布數尺不著褌左鼻皆穿孔著環女則耳輪穿孔至六七皆飾以金銀負物舊止用項近亦有肩荷者運重以雙牛挽車牛角銳上而長羣飾以金碧若雙

塔然以為美觀西里百吉甯諸色人竝巫來由種族言語侏儒閩粵人來此貿易者非習其土音不可然語殊簡畧三月便可熟諳也夜三鼓登舟張君以次來送行少頃即展輪

新加坡總領事張弼士太守率同繙譯等官來舟迎迓即乘其馬車游歷一周後達其署便訪左近部落

有道曾聞守四夷新加坡上漢官儀駕輕路熟車原穩太守粵東人曾在噶羅巴各埠歷練洋務已三十年矣馭遠鞭長馬不知權轄控

鄉非易事情通舟服見專司終當借箸殊庖代再接淸

暉待後期

要扼南洋屬此間羣番附近有新山檳榔嶼歸管領亦地名柔

佛難為國前柔佛國王距此二十里亦理民事族聚唐人易轉圜土著稱華人為唐人

無上利權成斷壟泰西風氣露全斑園林竹石皆生

色此間四時皆夏隆冬樹葉不凋遊客身從畫裏還

二十一日晴

晨起登艙面久坐見水作濃綠色彷彿湘江風景舟左右

島嶼連綿有如星羅棋布即土人亦不能悉數其名蓋左

龍牙丁機宜而右蘇門答臘迆午正行一百五十一海里
北京偏西十四度二十分（巴黎東九十九度二十二分）赤道北二度五
十九分寒暑表八十六度由新加坡至科郎埠一千五百
六十九米勒合中國五千七百里未正閱郭侍郎使西紀
程中載英人近曾遣提督往北極探北冰洋所見冰上居
民鑿冰穴取魚冰中亦有麋鹿臘而食之即寢其皮逐漸
移徙有如遊牧云云不知
熙朝新語中載我
中朝於康熙時嘗遣使圖理琛前探冰洋往返幾及一年

見冰上時有居民穴冰而處冰亂大如巨象重且千斤以糧盡不能窮其境而返後自冰中回者面目皆黝黑如漆圖使逾年乃復白隨從員役有終身黧黑者則英報猶未及之也

聖主高掌遠蹠久已威宣域外特恐煩擾民生故不欲特勤遠畧此意豈泰西所及知哉然積久必通固天地自然之數侍郎博雅未之引及殆偶失記耳

二十二日晴

晨起登艙面遥望舊港萬舟一帶點翠拖青宛如送客舟

行狹處南北隔岸祗二三十里煙嵐縹緲海鳥紛飛殆在
噶羅巴蘇門答臘之間所謂異他峽也噶羅巴南洋大島
東西橫亘約千餘里背負南海以火燄山爲屏幛左曰萬
丹右曰井裏汶其北兩山夾峙如巷曰狹內狹南諸嶼羅
列有王嶼夾板嶼鼎馬嶼白嶼草嶼等名謂之嶼城歷嶼
城而抵其國門戶重疊舊本繞阿番部其王稱巡欄前明
中季爲荷蘭所併閩粵之流寓者近七十萬人二十年前
粵人羅姓者因荷人苛待華民糾集十八人與爭戰三年
始平息其部落則井裏汶之東南爲北膠浪東北爲三寶

巃再東爲碣力石又極東臨海爲士里莫東北臨海爲外
南旺諸埔並稱感富土產米穀加非燕窩白糖近學穜茶
味亦不惡蘇門答臘長約二千餘里中有大山綿亘曰萬
古屢進東窪下林莽檅雜道路難通部落之大者曰大亞
齊西人稱曰亞珍東曰錫里再東曰雷里與息力隔海相
望大亞齊西盡海轉而至島之南面曰小亞齊迤東曰蘇
蘇再東曰叭嗜再東曰茫古魯東盡海轉而北入峽口峽
之兩岸曰舊港即三佛國海中別一嶼曰岡甲諸部皆巫
來由族英荷分據各海口道光中英人以此易麻剌甲遂

全歸荷蘭山產金鐵琉璜河産金沙海產龍涎香獸多水馬狒狒熊虎木多椰子風俗與息力畧同午正行三百二十五海里寒暑表八十五度赤道北三度三十八分

二十三日晴

風逆簸舟寅初入印度洋水作黛色巳初觀演船上水龍極為迅捷泰西經營諸務不遺餘力尋得地土挾其詐力始以通商佔立口岸初年所出必浮於所入旋復奪其兵政收其利權重征其民而即以用之建房舍築礮臺開鐵路置巡捕設醫院博物院大小學館示與民同之之意而

終收其效於數十百年之後然取之外府而置之內府管晏申商之政恐終不能以持久美利堅埃及諸地終以尾大不掉浸成割據斷非數十巨舟所能聯絡於不敗之地南洋羣島華人麕至數百萬可謂衆矣英美爲喧賓奪主之懼機利苛例新金山幾欲踵而行之初藉其力任墾闢甫臻成熟而以貪狼之政俾興碩鼠之嗟天心至仁視皆猶子必不忍以一人之狡黠獨擅溫飽使羣兒皆凍餒以死況又實資其手足以有成也哉華民去而攘奪將與古巴印度澳洲之割據只在目前益民氣之不靖鎮撫之猶

虞不給乃揚其波而助使熸也其不戢自焚也宜哉午正驂騂行三百四十六海里寒暑表八十五度赤道北四度二十一分

二十四日晴

午正行三百六十海里赤道北五度二十分寒暑表八十二度未正西北風大作浪花潑雪飛入艙中濺衣袂皆溼遠浦觀魚極天送鳥遙望銀濤萬頃蒼茫無際絕勝龕赭山頭觀錢塘八月秋潮也緬甸之西兩藏之西南有廣土突入南海形如箕古所謂印度也（漢書謂之身毒又稱天竺六朝以後釋典皆稱）

印度今稱溫都斯坦一作痕都又作忻都又作興都本印一音而以華文譯之遂人人殊凡外國地名皆如此類度畫分五區地形入海之處為中南兩印度德干及麻打拉薩諸部是也東印度東界緬甸北連後藏孟加拉各部是也北印度雪山拱抱東為後藏之邊徼西為西域之札布即布哈爾東南部落哲孟雄諸部是也西印度跨印度河與西域之阿富汗俾路芝接壤境内水名二東曰安額河印度人稱為靈水即佛經所謂恒河者也東南流至孟加拉雅魯藏布江從東北來會之入海西曰印度河發源後藏之阿里西行繞雪山之背至北印度之西北界轉而南行北印

度諸水會之至信地入海此外西則逆塒他答地諸河南
則莪他惟利吉那加惟利諸江北倚雪山南沿海有連山
環繞中間數千里皆平土西北界有沙磧餘均沃壤迤北
寒暑適平迤南近赤道炎熇特甚土宜五穀棉花鴉片貴
人額塗日光花卉或以粉點面如星庶人額亦刺紋皆雕
題遺俗也人習技巧金漆雕鏤精絕所製玉器薄如蟬翼
自後漢通中國唐時屢入貢趙宋時為回部所侵削元太
祖征服西北印度憲宗復征役中印度以宗王駙馬分主
其地東南諸部皆聽役屬明嘉靖閒撒馬兒罕別部莫卧

爾攻取中印度立國厥勢甚張盡黜佛教宏治八年葡萄牙航海至孟買開鑿海港建立城邑以此致富荷蘭忌之以兵船相攻亦攘其地立埔頭設公班衙康熙七年英人於東印度之孟加拉買地建館築礮臺建屋宇日益富盛乾隆十七年孟加拉酋長毀其居囚其人英以大兵攻之遂滅孟加拉乘勝兼中南諸部諸部合衆禦之心力不齊紛紛潰敗有爲英滅者有聽其置吏僅擁虛名者有受役屬爲藩國者由是五印度全境盡在英人掌握中矣

二十五日晴

晨起見舟右一帶山勢平衍布帆上下時與廬舍相映遥望巴德央去錫蘭不遠矣午正行三百六十三海里寒暑表八十三度復行二十五海里申初至科郎埠泊焉在赤道北六度三十六分島勢如人右臂斜伸屏印度洋亂石峥嶸激水作高浪蟻舟輒苦動揺前十數年英人用大石合塞門泥築長隄亘海面泊者始安乘小輪舟登岸易馬車觀沿海礮台皆新式極堅實游博物院院外為臺上範銅像乃英大酋初踞此島者有大鯨魚骨其首且長八九尺石佛石象石獅各國古錢古銅器刀劍玉斷柱一黛色

元澤可以鑒人登樓見英世子夫婦像殆創興此院者鐵路自山頂（地名挪拉里）至開殿（一作澈淀）山之中間自開殿至克倫伯坪南挪野計程六百餘里復遊閼伽南寺有墖如來涅盤真身及舍利子在焉或曰爪也院內一樹大逾數抱即所謂菩提樹相傳佛降生時先棲此樹會日暮寺僧秉燭導觀諸內殿見白石卧佛一尊面容滿月白皙如玉絕不類此間人醜黑蠢陋薛叔耘日記云佛生東北印度良非虛語覓貝葉經數部命僧諷誦喃喃不甚可辨按錫蘭古稱佛國晉法顯佛國記所稱獅子國云在洲上東西五十

由延南北三十由延左右小洲乃有百數相去或十里二十里二百里統屬大洲又云由摩梨帝國海口趁商船西南十四日即至摩梨帝即今加爾各答地唐志云獅子國北岸距南天竺百里今錫蘭自為一島在印度南證之方輿形勝當即此地不謬民睛髮似中土而黧黑可畏跣足短衣窄袖下無袴通服長裙紅色間用印花者上披紅袯威祖右臂俗名沙即今中土僧服袈裟或塑羅漢作種種形狀不知乃其本俗並種類相貌非有畸異也髮含玳瑁細齒梳形如半月自柔佛以西皆以首戴物女子妝飾畧

同新嘉坡跳舞則鼓掌踏歌蠢蠢如羊豕土色赤產洋藥爲大宗其餘象馬牛皮靛草椰子香蕉波羅蜜曼陀果（俗稱饅頭果）肉皮果婆羅樹貝多樹近亦產茶奪華商之利然終不似華產之美也天氣亦似新嘉坡

舟過科倫布訪錫蘭佛寺

世界西天樂仍留未了因錫蘭游勝蹟金粟悟前身寺類祇園古經繙貝葉新天魔隨處舞無復散花人（相傳釋迦涅槃於此三藏取經即是此間迄今竟成魔道極樂世界其信然耶）

王事尊天使居民闢大荒因緣誰證果美利藉通商氣

懾營平趙心雄博望張此行殊自愜賓從亦騰驤

二十六日晴

巳正啓椗西風鼓浪俗云無風數尺高船偏盪西人多有暈眩者午正行三十三海里北京西三十六度三十分寒暑表八十四度按海錄云明呀喇（即孟加拉）上番有數種一曰明呀哩一曰夏哩一曰吧藍美明呀哩人較多而吧藍美特富厚明呀哩食牛不食豬夏哩食豬不食牛吧藍美則俱不食富者衣食居處頗似英人以華麗相尚貧者家居俱裸體以數寸寬幅布圍其腰又自臍下絆至臀後以掩

下體男女皆然謂之水幔出門所用布幔稍寬有吉慶則穿長衣窄袖其長曳地娶妻皆童養夫死婦不再嫁鬄髮而居各種不相為婚吧藍美死則葬諸土餘則葬於水有老死者子孫親戚送至水旁聚哭各以手撫其尸而反掌自舐之急趨歸以先至家者為吉明呀哩間有以火化者更有伉儷敦篤者夫死婦矢殉先積薪於野置夫屍其上火之婦則盡戴所有玩飾繞火行哭極慟親戚亦隨之哭婦隨摘所飾分贈所厚而跳入火衆皆嘖嘖稱美俟化而後去錫蘭亦同此俗蓋佛法清淨祇求自治其身而斯民

之失教也久矣今西人雖據此百年然亦但收其利權而已明先王之道以道之尚有待於後起者焉

二十七日晴

昨日自啓椗至夜西風不止船主云自錫蘭至亞丁須水程七日惟第一日風浪甚險過此則波平如鏡大似中國長江云午正行三百一十九海里北京西三十八度三十分巴黎東七十五度零四十五分寒暑表與昨日同在赤道北七度二十二分申初見二島平列竹樹清蒼極為佳勝西人於淺沙處建鐙墖高可二丈下築小室數楹為司鐙者所棲止亦

殊雅潔

二十八日晴

午正行三百三十四海里北京西四十四度在赤道北八度十一分同舟有俄兵船水師提督一員善英法各國語言文字兼能油畫頃自黑龍江南泝燕齊江淮西逾蜀峽泛瀾泉粵而旋一路險要形勝備細圖繪精詳以資考證兹出以見示西人謀國之心如是其亟安得不富且强耶是日寒暑表八十五度

二十九日晴

毋西行偏北地近波斯波斯回回大國漢書稱爲安息唐書稱大食泰西則稱波斯或譯爲包社白西皆音轉耳春秋時由馬太開基稱雄一時羅馬既興獨未爲所併舊奉太陽火教唐初阿剌伯回教興波斯與之鄰遂爲所奪逮宋屢貢方物元末撒馬兒罕富强遣其子據波斯稱哈烈國明永樂間嘗入貢後突厥與阿富汗迭互吞併給靈復興其國嘉慶十八年與俄搆兵割北境目爾日部道光初欲窺印度布哈爾之希辣城英人以兵拒之乃引還令益衰弱午正行三百五十八海里合中國一千一百九十里

北京西四十九度三十八分在赤道北九度三十一分寒暑表八十五度申正舟左見一島純沙石作赤色譯名沙各脫臘山山下一舟隨波上下駕駛者波斯阿剌伯人也該處近海土人竝入水能視與昔時中國之蛋民相似戲以銀洋擲水中頃刻即拾出因思此輩當本魚族若招募一二十人竝備該式船一二隻遇敵至則狙伏水中駛近敵船用炸藥轟其船底當可制勝惟恐蠢陋未易教練耳

三十日晴

是日為西歷正月二十五號按西歷以三百六十五日為

一年二月止二十八日一三五七八十十二月皆三十一日餘則三十日月不置閏約四年一閏則二月加一日益歲實三百六十五日其小餘為二五六三六一二故四年必置閏也日本舊用中歷自改行西法以中歷置閏頒官祿計國用不便故於明治六年改用西法西法歲制國用不使有所贏絀固屬善法然周禮不有云通計三十年之出入以制國用乎日人動云中人中六經毒泥古法而不知變不知中土古法百度維貞患在積久剥壞不能守而行之故弊竇叢生耳堯典以閏月定四時成歲而弦望晦

朔無一不上合天象豈西法所能及哉午正行三百四十
海里北京西五十六度四分寒暑表八十二度

除夕海上遥念鄂渚申江陽在天南回首衡門尤
深惻惻大有一夜鄉心五處同光景遠適異邦
時局孔迫今夕何夕能無憮然紀以四絕用柬

兩弟

碧海青天四顧空融和臈候有東風遥知此夜不成寐
想到行人幾處同
春申江上餘今夕黃鶴樓邊又早春草綠湖南情脈脈

征衣相念未歸人

漸近三更又一年封侯夫壻少團圓勉將吉語除煩惱

鏡聽佳音更卜錢

捧日丹忱仰

九霄阿拉洋面度今宵瞻天萬里神先往一朶紅雲夢早

朝

使俄草卷三

臣王之春恭紀

光緒二十一年乙未正月癸酉朔晴

寅正舟近亞剌伯洋面率參隨繙譯人員等登舵樓焚香望

闕行三跪九叩禮適舟右兩島連延如相拱揖風平浪靜天氣亦驟涼寒暑表至七十七度彼族來瞻仰者鵠立神竦無稍譁者仰賴

聖主如天之福向來過此地者無此舒和景氣豈非幸哉

是日適值余誕辰諸君復申慶祝酬應良久西人自船主總管醫官外其餘附船各兵官共十餘人咸佩戴寶星衣次來賀並頌祝辭隨餉以酒果午正設讌自備華饌中外咸集共廿有餘人氷參雪燕羣儕嘉美湘中冬筍攜至此食倍覺芳鮮酒以紹興茶以龍井彼族並加俏道不欲示外人寒儉也午正行一千一百八里北京西六十一度三十二分赤道北十二度三十六分寒暑表八十一度未正過嘉特山角自沙各臘山起至此止海底沈沙倏忽聚散行船者咸有戒心焉

乙未元日將近亞丁洋島適當初度相集同人望

闕行禮恭述一章

媿效沂公早賦梅百花頭上喜光開敢云遠志懸弧矢

獨占新年進酒杯信及波濤容利涉光瞻雲漢詠昭回

臣心戀

闕終朝北不廢班聯率屬來

和楊虞裳侍御見贈元日初度原韻

寶星銜佩座生春紅海蒸祥日麗辰本日酉刻入紅海灣共説扶

輪資大雅慚看持節重王人同舟泰西六七國皆來祝賀聲喧爆竹

偏從俗酒熟葡萄且薦新一樣履端開勝會星軺遥發

正兼句

附錄

皇朝乙未書元日使節天邊介壽辰上國衣冠千歲鶴

華筵星佩十洲人法俄英荷蘭阿非意大等國賓客皆帶寶星佩韜來賀香浮

柏葉翔風暖地接條支淑氣新恰喜籌添舟似屋好

同滄海紀由句

次潘晟初太守見賀生日原韻

舟中吉語願同聽人自迎年帝與齡輪激水程符正午

琴調洋樂響東丁回環島嶼天星瑞奇險波濤我獨醒

閒道條支多大爵圖開王會待張屛

附錄

樂奏鈞天側耳聽元辰有慶更延齡人間歲月開光

甲海上風光近亞丁會應八仙殊巧合同事八人同時介壽酒

逢千日願常醒同舟頌禱忘中外各國同舟西人相率來賀拱列

西南兩翠屛兩山排列如拱揖然

初二日晴

舟西北行水色如靛午正行一千二百十里北京西六十

八度十一分赤道北十二度四十七分自科郎埠至亞丁計程八千一百十三里上鐙後始至近岸雷光掣閃如萬道金蛇拏起紛騰惜無埠頭不能登岍亞丁本阿剌伯一島猙巇稜崿石骨純赭似畫家大斧劈皴奇構詭狀難以翩敘枯㱚尠雨山童不毛英人據此爲梯濟煤水之所兼以扼守險要使俄法各國不敢窺伺印度舍此則必繞太平洋或好望角曠延時日而英得以爲備者久矣故雖如獲石田而不憚歲加賠償經營締造徙印度罪徒於此建三礮台於山腹鑿山開徑如蟻穿珠設鐵門置巨礮近行

蒸水之法俾海水化爲淡水或縫羊皮負山溪水飲之然
不如雨水之佳故瀦山爲池每雨則涓滴無遺漏者前或
十數年不雨近則二三年或一年一雨土人黧跣白齒女
則蒙面穿鼻項間各挂佛珠下碇後紛持各物登舟求售
土產惟加非及駝鳥卵羽而已駝羽西婦喜用爲冠飾故
多購者島周圍百里城去此可三十餘里有總督總兵官
各一員駐焉漢書和帝十三年安息獻獅子及條支大爵
郭義恭廣志曰大爵似橐駞舉頭高八九尺翅長丈餘食
大麥卵如甕又云條支臨西海即黃支今波斯地也亞丁

屬阿拉比阿(即阿拉伯)海口一島波斯與阿拉比阿界幼法拉河去亞丁甚近駝鳥即文選西都賦所謂條支之鳥本出波斯是也師子即中土所稱狻猊狀甚類犬而大有青黑白灰數色惟灰者較易馴服土人取其初生者養之再傳乃可用充調習令西人所用馬戲並是此種若青黑二種終不能蓄豢使之馴熟至此舟下碇時得許竹筼星使一函云西例凡持使皆以頭等公使相待平素入國境必以護照為憑持使則由俄主飭邊境官照料至國都即備賃大客店為賓館亦西例也西例客店靡麗逾於王宮俄外

部詺其詢問隨從人數便定房舍也比即如函電覆是日未正已入紅海口兩岸山形並作赭色蓋右阿拉比阿而左阿非利加也

初二日薄暮抵亞丁遙望窮山惡水中尚有磅礴氣象偶得四章

山勢蜿蜒阿利加對渡即阿非利加國界電光一掣走金蛇崚嶒石骨添光怪濯濯猶疑老眼花

山間設險復屯兵終古曾無草不生地本不毛田是石土居甘讓外人爭

鎖鑰重瀛扼地中人都黝黑海稱紅英邦視此成雞肋
棋著先機便不同
煤艇全來夜漏深番民格磔不成音風涼漸勁天將雨
坐久添衣冷意侵
三更後大雨數時熱氣頓減過此頗不易得詩以
紀之
橫空風雨來黯淡天如墨飛浪撲船艙下碇兀無力涼
氣爽心脾卻感老天德不然紅海中炎歊肆殘賊凌晨
上柁樓海霧猶四塞僉云隨車雨都為使星得亢旱幾

何時從此都潤色其然豈其然首肯心默默雲鶴九皋

鳴大鵬六月息陰晴關氣候險夷繫

君國慨然發長嘯滄溟杳無極

初三日晴

丑正微雨一時許至寅初電雷交作霶霈繼至有如銀河

傾吐瀑布横飛至巳初始漸息天色微明復啟椗行寒暑

表驟縮至七十四度爲向來行紅海者所未有舊聞此間

從前三四年一雨今將一年始雨薛叔耘過此適遇雨以

爲偶然令余過此又復遇雨殆所謂豈料偶然復偶然耶

舟人羣歸功於余云天使福澤至厚故有甘雨隨車之應令此地得滋膏澤舟行亦覺涼潤何快如之余謝不敏者再午正行七十五海里在赤道北十二度六十分北京西七十三度五十分寒暑表七十四度未正過勃白爾門為紅海口頸兩山南北矗峙海面望之約八九里水底皆有礁石中間可行者僅一二里西人名之曰哭海頸（中國曰流淚門）緣此地壞船最多故也南山名丕立姆英人亦設鐙墖二座礮台一座竝兵二百既守北山屬阿剌伯亦置兵房礮台白路一綫上升殆如秋蛇云

過流淚門

題名知險早經心門戶森嚴鎮古今不必閑關爭要著

綢繆未雨意何深

紅海初過別有天遙遙山脈斷還連久聞左近加非好（相距數十百里遍產加非茶獲利甚廣）生植蕃滋擅利權

初四日晴

涼飈送籟波鏡如揩午正行一千一百里在赤道北十六度十九分北京西七十五度二十二分寒暑表八十四度舟右間見數小島竝沙石無草木舊圖紅海甚狹以今觀

之過勃白蘭門兩岸仍莫睹邊際惟往來輪艦遠者約距一二十里近或一半里取道甚近大似洞庭秋漲時不類飄行大洋中竟日不見一颿也

初五日晴

俄提督出示鏢鍊一串質輕類紙而堅勒逾銅錢名阿囉咪尼云用白礬質而以礦鎰水化之便流汞得此物即化學家所謂鋁也此固由西人精於格致講求化學之功效或遂詫為畸異不知中土已先有言及之者淮南子曰黃埃青曾赤丹白礬元砥歷歲生澒其泉之埃上為雲氣陰

陽相薄雷激敷爲電上者就下水流通而入海鍊土生木

鍊木生火鍊火生雲鍊雲生水鍊水反土中國之言化學

詳矣其他亢倉子曰蜺地謂之水蜺水謂之氣關尹子曰

石擊石生光雷電緣氣而生可以爲之彼西人所詡爲絕

學者皆不能出吾書黃帝南鍼奇肱飛車公輸木鳶諸葛

流馬區純木鼠一行時鐘以及張衡之候儀楊么之輪舟

幾於引不勝引磁石引鍼琥珀拾芥翡翠屑金人氣粉犀

此亦銅山洛鐘自然相應之理豈徒譚幾何者偁借根方

爲東來法已哉方今東土之爲時文學者或不屑偁道其

變本加厲者乃欲舍己從之竟言漢學無用此皆一偏之論特我引其端彼竟其緒中人坐不肯窮極其變一得輒止必謂算學重學光學化學電學諸類中人皆不可企及是亦蚍蜉撼樹之口不足塞耳烏鰂吐墨顛當守户是在人自為之余故因而畧發其旨以見一端飯後見諸西人遊行艙面多衣白者李叔耘云西人重白色以白為初具之本色可以隨染而變至黑則無可再染是謂終色故喪服用之且至盛暑時衣白可藉抵力以銷熱氣凡婦人再嫁者即不得復衣白殆一染謂縓再染謂纁之謂乎子曰

繪事後素夫子蓋嘗言之矣中國至五六月時亦衣白衫凡諸解識骨為吾儒緒餘徒以我中土為時文小楷試帖所桎梏不能一變通而善用之也豈不惜哉午正行一千一百里北京西七十七度三十四分赤道北十九度十二分寒暑表八十四度

初六日晴

舟西北行自過麥丁納境外海岸左右羣山羅列辰初過北賴鐙墖舟人云埃及人所設兩島平列土人名之曰兄弟島申正過阿要臘非鐙墖紅海至此已盡再前即為蘇

彝士海灣矣此處屬埃及所轄埃及即古麥西初屬役突厥今立爲附庸之國故亦稱王但歲納貢税於突而已薛叔耘日記稱其山水清華人亦明秀頗似江浙風景惜夜黑不能窮攬其勝概也午正行一千零九十一里北京西八十度十五分寒暑表六十七度赤道北二十九度十二分夜大風舟極摇蕩不能治事

初七日晴

晨起寒暑表驟縮至五十四度兩岸山容近列澗約十餘里彷彿長江景象卯正抵蘇彝士河停輪一時餘蘇彝士

係新開河須納船稅數千元是處本法人李習所開薛叔耘日記作賴賽樸斯曾侯日記作里習勃斯俄編作海里色樸船行俱有一定章程初李習議開此河英人多阻止者繼見事將垂成乃爭先購買股票初時價止五百福蘭令漲至三千福蘭因地屬埃及議歸其王三分之一嗣埃王以千二百萬金售之英人安南之役法因餉絀將股票出售與英者亦復不少利權遂漸歸英掌握矣李習旋偕其子復往美國開通巴拿馬海頸事雖未成殊有愚公移山之概距口南六里有市鎮通以鐵路屋皆平頂昔河未通西人多藉此作逆旅往月餘更

往地中海登舟今無需此故貿易漸不及各埠繇盛口北亞洲地面別有一河屬摩洛所轄亦通輪舟登岸止兩日程即俄羅斯屬地摩洛似本耶路撒冷即諸書所稱拂菻國是也按開河固稱鉅工足比巨靈擘華然中國自禹鑿龍門後若粵西陡河為秦始皇所築乃能使逆水行舟在當時不可謂非奇創至於邦溝衛河亦皆由人力所為特河身稍淺不足暢行巨艦耳是處土產米麥甘蔗棉花檀香烏木金沙象牙駝馬尤良舟甫停土人紛持碎珊瑚及西婦所用各色披肩求售其人髮黑面白逼近中華亦衣長布衫惟無前襟自下

籠其首而衣之亦有小袖馬褂與中式同者地當赤道北三十度六十分北京西八十三度六十七分河狹未能暢行故午正不克紀行程未正過小苦湖湖本舊地李習因而導之又前有大苦湖故此名小苦湖湖中一路皆設浮表竝以巨木作架俾辨水程所設煤鐙共千餘盞左紅右綠晝夜不熄船主云是處各鐙均以機軸作自來火歷三月之久屆時始命一舟前來整理自入蘇彝士河口以至波賽皆有魚鷹百數尾舟而行夾岸間見蘆葦一二漁舠飄忽來去惜堤沙尚少綠草倘以白蘋紅蓼相間點綴是絕妙一幅瀟湘秋景圖也夜

過阿美大阿瑪諾林巴拉三湖至新河北口波賽巳逾亥正矣自亞丁至蘇彝士河四千九百七十里

過蘇彝士新開河

五丁何用等閒開又值龍門鑿險來瀛海苦填精衛志華峯奇闢巨靈才湖山變畫仍流水內有大小二湖俗名大苦小苦謂其水味苦無生植者也天地為爐劃刼灰一旦豁然千古利富强無道詎生財

入日四更至波賽

寶賽波斯匯大隄夜深燈火六街齊琉璃世界珊瑚海

細檢青囊證使西部筠仙曾劼剛兩侍郎紀程記此地均詳
重關何用一丸封埃及屏藩等附庸三大部洲横亘處亞細亞歐羅巴阿非利加三大洲分界處地球首尾是神龍

初八日晴

子初下椗偕同人登岸一游小艇每人畀以小銀錢一枚不交艇户而在岸有專收之人六街鐙火尚餘貿易多回教及阿非利加人髮鬈面黑埃人漸作黄色婦女多用黑布障面僅露兩目灼灼視人殊堪駴詫殆禮所謂婦女出必障面與泰西婦女多用輕紗花園一所乃埃及國人不日所成因

新河告成埃王將親臨觀乃以驢五千頭駝運土石花木數日竣事地雖不大亦可見國人急公奉上臨事勇往之心也惜夜深不及往遊北口有長隄二道用以攔截泥沙卯正啟椗竟日沿阿洲海岸而北午正行二百八十海里北京西八十八度十二分寒暑表六十二度赤道北三十一度復行四百十里至亞勒散得一路山水平遠淺瀨浮汀與夕陽鐙塔時相輝映殊可愛翫下碇後船主邀集同人登岸乘馬車至戲院聽齣一西婦登臺歌演男女優伶數輩駢坐臺下雜奏各器除龍笛外有若三絃者狀似琵

琶以其腹置頷下用弦束橫勒之有若阮咸者高約四尺其下用革如鼓彈之作畫角聲每齣畢伶人以槃乞錢人給福蘭一枚旋復過一院鐙火方盛入觀之則雛伶數輩搬演身手類中土賣藝一齣既而臺後發聲演唱一女子紅衫登場自肩項以下前後垂金片以百數十計兩手各握數銅片開合作響每顫搖則珮聲丁璫如相應答異方之樂隱含激楚覺金氣方競殊乖和平同座土著過半見華人羣相驚詫稱為秦人（其聲張口滚舌似云與娃蓋音之轉也）此地現屬埃及王居開羅去此約一日程（乘火車兩點鐘可達）本希臘舊壤闢

闢最早爲西土文物之邦英法各國文字皆由此出其通中國蓋在秦時故至今稱爲秦人風俗政教畧類中土亦食米飯男子以紅氊蒙首狀若半截竹筒頂綴黑纓長與帽齊女子以青布自後羃首下垂至足兩目下用一黑巾紐結其上坐而後除之使西紀程云用籐東昇端當是誤認右爲尼羅江口尼羅爲阿洲大江計長一萬二千里較中國長江尚遠千里江凡三口其二曰達密得曰羅塞得土產驢馬槖駝背上單峯米麥各種而已聞此地多麥西古時碑碣其字與中土古篆相同惜深夜不及訪搨

晡刻抵亞勒撒德登岸一遊更闌始返

不夜城開近水濱電光如雪月如銀馬傳汗血來西極此地素產名馬鳥出條支本大秦雄長地中成海市優遊天外有波民龜茲異樂黎靬彝車走雷聲聽未真沿街售零物者負用樂器

初九日晴

寅正啟椗舟西北行地當埃及希臘土耳其之間土耳其或譯土爾基皆誤實則西突厥也突厥自唐中葉勢漸衰亂遊牧轉徙漸即西方入買諸而奪之其都城君士但丁

賓羅馬之東都乃元至元年間互相攻取至明景泰三年始滅而有之徐松龕以為即古大秦國非也大秦乃今義大利即古之羅馬希臘本猶太族即拂箖舊國突厥亦滅之東南與買諸隔一海峽（峽名他大尼里後漢書大秦傳所云有飛橋數百里可度海北諸國即指此峽寬止數里黑海地中海由此相通春秋時波斯王澤耳士伐希臘嘗造橋以渡軍相傳古時本有石橋圮廢久矣）古名迦南夏帝芒之世有亞伯拉罕者遷迦南其後人儞以色列族數傳至耶哥伯有十二子最少曰約色弗聰慧過人諸兄忌之賣於麥西為奴麥西王以為相以色列族羣往歸之初止七十人年久繁衍至六萬人王忌

而欲除之有摩西者夢神人使赴麥西救本宗至則麥西王方欲收以色列族坑之摩西密告宗人約期同發至海港潮退成陸渡畢而潮大至麥西追者多溺死摩西率衆至迦南之拂箖遂王其地摩西卒約書亞繼之分以色列族爲十宗裂地封爲小部統於拂箖周武王元年措母耳嗣立偁賢王成王二十五年掃羅立好用兵不恤民命周昭王十年國人改立大辟在位十六年卒撒門立亦偁令辟穆王年閭羅破暗立始偁猶太國繼傳亞庇雅亞撒何沙法並偁賢王簡王元年巴庇倫侈汰猶太王愁絶朝貢

巴庇倫以大兵破其城王自殺遷猶太民於巴庇倫景王八年波斯滅巴庇倫釋猶太民歸復立故國傳三百餘年西漢時降羅馬為屬國後復叛為羅馬所滅羅馬衰亞剌伯回部據之猶太為耶穌生長地因為回部所據禁不得通血戰二百餘年尋為突厥所據其部民散之四方西土各國多有之以數百萬計而總名曰猶太族與別族不相混猶太人最講文字西國各種書籍多其譯解故紀載獨詳西人遊學不於希臘即於猶太蓋泰西絃誦之區也希臘自夏初名厄日多者即已立國商初灑哥落遷雅典始

造文字周顯王時旋降羅馬漢初乃已中間紀載甚詳雅典最講文字肄習之精爲泰西鄒魯凡西士未至額里士則以爲未登大雅之堂今希臘乃道光六年土俄之戰始以復封益徙而西蓋非復舊日封疆也午正行三百里北京西九十二度三十分赤道北三十四度五十五分寒暑表六十四度

初十日晨微雨旋晴

辰初過突厥之甘的力島（一作開恩特一作康第地當希臘境外）横山一帶其巔積雪皚皚白如約素山下鐙墉綦布錯列柳何布置

之周密也按地中海長七千里中間島嶼甚多近東千地亞洲爲鉅周圍千五百里山水明秀中峻外坦近海多良田産橄欖油極佳民奉希臘教不樂土政征之二十年不能服也海口近爲沙淤舟行多阻迤西曰細細利由細細利迤南曰馬耳他在摩德拿之西北抵波河縱横皆二百里戸口四十餘萬昔爲塞地利王女封地法王拿破崙弟一之后也拿破崙敗后別醮仍據其地今屬法國迤西曰沙力尼阿分四部曰辟門曰熱那亞曰撒歪曰撒丁熱那亞昔爲地中海公市俑大都會今衰廢竝屬義大利沙力

尼阿之北有大島曰郭士喀法廢王拿破崙弟一即此島人今屬法國午正行一千零九十里北京西九十三度十分赤道北三十四度十二分寒暑表六十二度

十一日晴晚微雨

晨起風大舟極搖蕩午正行一千零六十里北京西九十八度二分赤道北三十七度十八分寒暑表五十二度酉正過枚息那海峽夾岸皆山叢樹蔭綠左即細細利島（一作普普利志畧作西里治）臨海一市鎮曰梅新舊有酋長今屬義大利右爲義國之南省卡臘勃來其市鎮曰而愛及兩岸鐙大

排若一字密類繁星舟左遥望海中紅白鐙塲相間錯列
舟過此擂旋舵北指蓋視此為行舟之軌度也按義大利
諸書作意大利即古所偁大秦西方大一統之國也劉宋
時為北狄戎特所滅立國三百年法人取之以羅馬都城
奉教王以兵戍之嘉慶十年分其國為九大國四曰羅馬
曰多斯加納曰薩爾的尼亞曰拿波利（志書作那不勒斯）小國五
曰巴爾馬（即馬耳他今屬法國）曰摩德拿曰盧加曰摩納哥曰勝馬
里碁其餘多法與西班牙所侵道光年間撒丁王伊曼奴
核弟二戰敗與國稍復故地尋併拿波利之地咸豐十一

年始自偁義大利同治九年普法之戰法人調其護衛教王之兵回國義遂乘機入羅馬據為國都令仍之國勢亦稍稍復振云後漢書西南夷傳云撣國西通大秦撣人在今雲南徼外古時羅馬係大國其東境幾與中國之川滇相接矣

十二日晴

午正過拿波利用遠鏡窺之微見蒼茫黛色而已蓋舍弦求弦海程視昔為近也拿波利在羅馬南東西南三面皆海正地形如鞾履之處舊與細細利合為一國都城與國

名同屋宇高大殿廟宏整郭外萬峯環繞高插雲表內多幽壑古洞別有火峯峯頂常出烟雲有時火石飛空草木皆燼近山有古城灰埋已千餘年忽土人掘出垣堞依然古尸之讌集者乘車者竝如舊義人以藥水傳之存為古蹟因土田肥沃物產豐饒故無肯避而去者細細利島縱橫皆四五百里中亦有火峯與拿波利大略相同午正行一千一百二十里北京西百零三度赤道北四十一度十二分寒暑表五十一度是日風息船平同舟爭慶幸船主云日落時風絲甚長月色有暈須俟今夜子丑時方可保

無風波之虞噫彼族船政立爲學校必由考校有實始可

遞升爲船主其測驗固當有準也

過地中海

少小有奇志壯年作遠游扶摇無雙翼飛淩四大洲誰

知承接處乃在歐洲頭亞丁臨其腦波賽扼其喉中有

蘇士河貫通如脈流終古任横亘應貽愚公愁筋骨不

聯屬能無巨靈憂鼓輪幸到此嘯傲登舵樓水深如醮

墨寒氣欲重裘風利不得泊秉槎勝張侯此事有天幸

多福非自求

十三日陰晨微雨

子初風勢甚惡船欹側至二十餘度艎中器物時聞毀壞之聲臥榻忽上忽下如騰空際殊可駭人黎明風稍微見亞呂伯一帶山巔積雪逾尺寒氣總至船主云夜來知風信必惡故背是島而行不然殆不堪設想也午正過島門蓋已至法界矣山水明秀頗類吳楚雖之杞梓千章而菭青蘚碧倍饒丰致未正過都隆法市鎮也船塢在焉酉初抵馬賽慶靄堂參贊常適自巴黎來迎詢知火輪快車每人除隨身衣物外祇許另携行李四十啟羅若運載各物

至俄都每磅須銀三福蘭（約中國銀一兩）不然則慢車須兩月乃可至俄遂議登岸至徐能福客棧暫住一日相與檢視其可緩者寄存棧內以節縻費酉正抵棧樓房七層余與同人居第二層每人日計三十福蘭約中國銀十兩此猶其稍儉者蓋西例凡各國王游歷至境即寓大客店富商亦然陳設一切皆極華煥每食必奏樂該棧尚未有此也僕從等居第六層樓價稍廉然亦日須三兩零是日寒暑表四十七度

夜游馬賽各市賦此

鞭走葦山峙雨行暢通商務展夷塲波濤到此都停蓄
鐙火無邊入莽蒼賓賽肯居諸國後游蹤忘卻一宵長
館人大類虬髯樣肅客當門若有光

十四日晴

晨起遣人約馬賽總管午刻往拜假病辭謝以示敬乃命
李縉譯壽田代往頃復來約答拜適已午後海關將行李
運至督僕擇簡要者攜行甚形忙冗遂亦辭焉夜分與同
人譚適來金銀價值懸殊由英人專用金磅之故余謂薛
叔耘有云西士精礦學者稱地中金玉銀鉛鐵煤等物多

係太古以來所含孕非若草木之隨取隨產也開闢日久攻取日繁昔漢惠帝娶宣平侯女用黃金二萬斤今三十二萬兩也當時充羨若此迨平帝立配一依孝惠故事然黃金似已不足以錢二萬萬代之按二萬萬今之二十萬緡也若以近今金價三十二萬計之約值錢千餘萬緡今昔相懸又若此余謂此固應然但西人近日講求礦務採金已自不少而鼓鑄金錢之外若時表若器皿各歲有銷鑠惟西人金銀銅三品實得禹貢遺意故亦不甚軒輊中國則唐行租庸調三法宋代租賦竝重元人專用鈔票至

明已幣輕漸減太祖定制一以銀納賦

國朝因之而中國之銀價漸貴嘉道之間每兩至值錢二千五百文近日遞減至千四五百文者良由外洋開採銀礦日形富有幾欲搜窮地球之精華竊意地面之上金鑛漸次就盡價必日昂而銀正當極盛之時幾於用不勝用價必日減中國專用實銀不加煎捶則零用或苦其多而時忽斧而碎之時忽積而鎔之既費大力又多銷耗且不便當前在廣東曾鑄龍錢而各省不並加鼓鑄遂亦不甚銷行且專用墨西哥銀錢色祇九成輾轉受虧固已不貲

加以外洋專用金磅而中國銀價愈賤從前每英金一磅祇值銀三兩餘今驟增至七兩餘再數十年必有由十數兩積至數十兩始可易一金磅者中國再不自强安得不爲坐困耶然則計將安出中國宜令各省分鑄金銀銅三品之錢銅錢則仿西貢之制形質輕而鼓鑄模範必極精緻銅少價輕而盜鑄不易與舊錢相間使既可收回利權亦且便易民用鴉片入口歲耗銀至三千餘兩若能禁絶此項則每歲尚可贏銀一千萬兩由今思之禁絶良不易行莫名講求商務商務何以振興則必自製造今泰西各

國均用機器製造各物價廉工省而華美堅緻數倍中土華物可銷流外洋者茶絲兩宗數十年後亦必不需華產近日法人講求蠶務用顯微鏡擇蠶種視蠶身之有黑點者去之其所生子亦以顯微鏡視之中國每蠶子八兩出絲二十五觔法人每蠶子八兩可出絲七十五觔或百觔不等食葉之多寡培養之人工中外從同法人於十數年間便已相去若此茶則日本印度講求日精實足奪我華人之利此宜講求最急者其次磁器一項洋造價頗昂貴華磁雖較耐用然渲畫不精又所造皆不合西人之式西

人每飲加非則有加非盅飲蘇格辣則有蘇格辣盅以及魚鴨各物莫不各有其器日本仿造已獲大利令中國宜購仿西國形模加工精繪以我之上品抵西人之次者而價較廉省則西人必樂購用也再次鍾表鐙鏡以及各物以次仿造雖不能勝彼族之精美而以充內地民用則入口之貨漸減此亦收回利權之一端也至於礦務鐵道至今日已人人知其美善三數年間必逐漸舉行故不必贅及之也

十五日晴夜微雪

遣人購至巴黎火車票二十餘紙上下匀計每人約需一百福蘭（外行非費 法外約行三）六七百福蘭此足見火車之利益不小也飯後偕楊虞裳給諫慶靄堂部郎徐芸垣廣文同往遊博物院院周回約數里入門兩旁為磴百級繞以回欄其上石樓聳峙石鑿巨異獸五六為蹲伏形張口噴水若瀑布下為方池絶不溢出蓋用輪機激之使相上下也再入則麒麟二分立左右高逾丈餘鹿身牛首一角足長幾及五尺其次則獅虎鯨魚各種犀牛一角長尺餘大倍數牛海馬亦大倍牛皆以藥傅其皮革使植立如生餘則鱗介

濕化諸物色色具備既出院右為機衡若古之方柱然下作方盒以銅為蓋人立其上則翕張隨之其上為圓磁片分畫磅數狀若鐘表之殼面左旁另一半寸之口人投錢其中則鍼自旋轉視身之輕重而止焉人既下始聞錢聲鏗然落非投錢則鍼不少動亦巧製也夜六點十二分鐘乘火車行一時許至奈可林蒂積雪如行瑶林琪樹中初穿一小洞約二分鐘尋穿一大洞車行適七分鐘始出復行一時至培弗脫市又行二時許至里昂一名立埔法巨鎮也凡歐西絲帛均在此織造鐙火甚繁貿易猶盛又行二時

許至約內停車十五分是日寒暑表五十一度

上元鐙後登火車路赴法都好月當頭憶及元宵

佳節得廿八字以紀之

尋常一樣月當頭照慣征夫不解愁鐙節何因來海國

有人悔恨說封侯

十六日雪

早八點五十五分鐘至巴黎馳觀風景見街道之寬濶闤

閬之宏整實甲於地球有石表一矗立半空拿破崙第一

伐埃及時所得以旌其功者也高二十七丈龔仰蘧星使

已在車棧迎候跪請
聖安畢同至庚白爾客棧寓焉譚華事頗詳聞法新聞報
載中日戰事不禁為之憤懣隨員錢恂念劬潘承烈景周
繙譯吳宗濂貽清聯湧文泉遊歷主事鳳凌瑞臣學生劉
世熙来謁飯後至使館仰使已備午餐久不嘗華饌風味
覺食指為之大動席散詢中外事極久錢念劬云法國之
茶皆由英商運至壟斷居奇買者賣者兩受其病現法人
擬自備巨貲與華人合夥運茶至巴黎銷售此商務一大
轉機惟無人承其事者為可惜耳夜三鼓始歸寓許竹篔

星使来電云行程請由族白爾司打克至鄜倫已派員至彼迎候矣

巴黎行

地球行近七萬里境入巴黎縱奇詭眼花撩亂興狂發城闉不夜恣華靡士女酣嬉國無愁惟日不足復夜游闤闠雲連屋蔽日睥睨泰西雄歐洲窮兵黷武相戕賊天意挽回不可得崛起空說拿破崙中分竟為民主國立國畢竟當自强後言美利先通商果能虎視持牛耳何用蠶食吞越裳師心自用忘顧忌以力服人等兒戲

安知在後無黃雀螳螂捕蟬殊不意使臣過此停征軺
心如懸旌時搖搖傷今弔古無限意屬詞比例成歌謡
成歌謡紀游歴從大夫後執鞭箠增
天子光重壇席莫非王事慎西行後視今猶今視昔

晤龔仰蘧星使

何期異地聚星軺輿國知名仰鄭僑彼此分藩川楚近
後先銜
命海天遥况雄氣奪公孫劍激烈聲寒壯士簫舊雨既來
新雨霽舉杯閒話到深宵

唐棣懷人賦爾思偏蒙渡海不愆期由倫敦過海到巴黎老臣謀
國傷孫注君子能權漫小知公襄日製造軍我輩出山
輸遠志此心向日自丹葵輯和兩大兼英法還讓澄觀
善主持

十七日雪

慶靄堂參使邀午餐未正偕同人至大清公所暑一遊覽
雪景蕭清一白無極池冰腹堅法人競購冰鞋駛行冰上
往来如織即所謂冰嬉也京師舊例於冬月
禁中打滑達先令汲水澆成冰山高三四丈瑩滑無比使

勇健者著帶毛豬皮履其滑更甚從頂一直挺立而下以到地不撲者為勝今每歲猶舉行也酉初使館飲畢回寓晚九點二十五分鐘至火車棧承龔星使率參隨等枉來送行復候車四分鐘久方開行行四時許至慕耳亞孫停十二分鐘為法北邊界境再越比利時北境然後入德界之俾爾維愛法德兩國鐵軌不同交界處識察甚嚴即火車伺候之法人至此必盡易德人德車之由德境來者亦如之否則必遭守禁焉德意志本日耳曼共三十九國自普魯士日強除漢諾威數國已滅外北方二十餘國今已

成爲合衆國南方諸國雖亦與會盟然尚有自主之權他日或分或合尚未可云定局也

十八日晴

早九點半鐘至廓倫入德界例須換車西例各國火車祗能行各國境内凡客商入境稽察行李甚嚴公使例免查税然亦須照會也許付質星使已先遣繙譯李德順紫垣許鼎鈞燮梅至此迎候車至即來見並代購定車票及照顧一切甚可感也廓倫一作科連一作寇倫或作果羅尼地當孔道水陸交衝行三十分鐘度來因河上之長橋即

稠式查夫一譯作杜就爾對甫濱來因河上又行十五分鐘至皮斯婆克

又行十五分鐘至一大機器廠不知何名鎔鐵所五六處

火光燭天基址頗大復行二點鐘至呵模屬普國之始經沙而龍省

山麓居民房室皆銳其上作刻圭形又二點鐘至漢諾威

一譯作海挪威又名亞諾威爾本日耳曼列邦之一同治五年為普所滅復行四點鐘經大樹

林乃至柏林時晚八點鐘四十九分也來迎者德館參贊

金楷禮理堂隨員金采惠疇王鎮賢懿卿王文謨顯甫未

貴申聽濤劉式訓紫升二等繙譯賡音泰韶甫三等繙譯

即前李許二君

夜入柏林

昨夜今宵記未真渾忘草草是勞人昨夕戌刻展輪今晚對時即至千

鐙煥彩迎車幌餘雪衝寒遍地匀道假鄰封成過客身

持使節亦前因樽前僉説俾司馬羨煞他邦柱石臣

十九日雪

辰初至使館拜晤許星使因偕之往拜德外部談片刻復

至使館午餐畢回寓檢視

國書復包裹完好夜接許星使得京師發來諫電鈔録轉

行咨文一角柏林客寓晚用大餐皆有樂樂工約二十餘

人皆来自義大利以其國人夙精音律也衣用藍緞為之餐廳極宏敞隨人皆可就食不必定在寓寄居者西人以就食於館為省便或竝邀客亦可德京民情敦厚俗尚勤儉貧富均七點鐘必起地瘠故街道潤民儉故日用輕其富强之道有三一舉國皆兵風氣視武職為最榮人人皆願當兵三五年始受他業平時常備兵四十萬有事調集新舊兵可三百萬最多可五百萬一鐵路六通四闢車位皆有定數四五日間通國之兵可盡集邊界一餉有專款兵之所至餉即隨之法國前所償巨欵至今存儲未動不

須待議院會議也德皇自己亦為兵官每行街市與居民相交接有疾病則噢咻之下情不壅於上聞故民氣和穆羣願效忠而赴義每遇閱兵演礮竝親自列隊如臨大敵今毛奇龍特己殁俾司馬一作畢士馬克近雖退位依然不忘國事普魯士以日耳曼列邦之一其幅幁不敵中國一省而三十年敗丹敗奧敗法遂為強國抗衡英俄皆俾相經營之力也俾相籌畫國計純用霸術殆條管商一流人物民雖微怨其繇征而仍服其智畧入其國中有整齊嚴肅方興未艾氣象

二十日雪

遊蠟人舘內有甯波人戴姓設攤作貿易因爲前導盖以蠟塑各種人形老稚妍媸長短肥瘠或卧或坐或立或飲加非或攜游妓直可亂真其卧者竝用暗機於胸前鼓動作凹凸之勢若人熟睡狀有頭生二角者云數千年前初變之人形殆亦意想爲之其餘若德前王威廉第一及俾相毛奇各在竝德生升遐俾相躬受顧命之像英女主維多利亞竝其三子之像亦各分一室塑焉又有因盜馬案而誤殺人者自初捕及研鞫竝至耶穌前諷經伏刑皆備

列如生西例凡刑人皆引至耶穌前諷經禮誦亦祝其他生當作好人之意又西例先將應刑人悶死然後伏兀上殊其首不忍其恐懼也案因誤殺故留此作鑑戒令遂除此刑亦以見忠厚之遺意館製嵌石如洞壑周圍回廊曲折盡致中蓄水池地甚陰翳有瓦注一投錢其中則電鐙自著水中三四小舟隨波搖蕩音樂閒作殊有意趣按蠟人之製創自德國一老嫗其法用溼泥覆人面成模然後以蠟注之故雖面紋縐凹無不惟妙惟肖又用水石為洞壑陰翳使天暑著不至鎔化冬寒恐其凍裂則以火微烘之

視寒暑表爲準則焉又遊一院亦周回爲洞壑上下曲折
幾類迷樓介以鐵網養諸禽獸蛇介之屬下一層壁間蓄
水簇以玻璃内養諸色魚綴電鐙映之儼然如游泳空際
以上兩院入門皆須購票人一馬克既資博物亦裕利源
此其所以可持久也復游武備院觀歷代所鑄礮位列國
各種槍式刀矛劍戟形製不一泉德皇御用弓衣之屬兜
鍪鎧甲有以銅片疊作魚鱗式合成全身皆被推留目口
數竅者又遊東方博物院所藏皆中國日本各樣物類古
玉磁器爲多寺觀神像亦有農器亦畧備焉晚十一點二

十九分鐘乘大車赴俄許竹篔星使亦偕行車向東北發至的爾劭停十五分三點鐘至喉得若能德邊界市鎮也倚窗頻睹夜色微明一路雪山壁立若玉楹插霄忽升絕頂煙雲與車並飛或層峦疊嶂其下萬尺俯臨悸魄巉石齒齒林木蕭森洵一幅絕妙夜景也

二十一日雪

三點半鐘至威爾日波羅倭已入俄界邊境文武員弁並集謁見俄廷已派武員二人並外部司員魯達諾甫斯基前來迎護余與一一相見各握手為禮畢陳設酒饌亦極

豊腴並遣御用火車來迎車製華麗前為客廳中設几案酒果煙茗無不具備後為寢室廣長亦近尋丈鏡燭澡豆巾拂皆設亦有自來熱水再後為參隨人等牀榻制較淺狹或兩人一室或四人一室然亦可坐可卧也再後則械牏備焉連日火車因冰凍澀行駛較遲一路景物清絕儼如水晶世界入俄境尤極目林莽更臻繁密晚飯格囉得倮夜過噶敕納其地有俄主離宮鐙火甚繁西人創興火車不過數十年今已密若蛛絲往來梭織遇水則設長橋過山則穿洞穴或駕橋行街市之上或穴地而行其下並

無大礙人廬墓者至經行之路不過稍為平治於風水一
說尤無妨礙道路之畚鍤修治邨落之分運貨物一一需
人亦並無傷於貧民生計而百貨流連化重為輕縮遠若
近不啻以陸作海而以車當舟運兵速運漕便行旅迅疾
而無泥濘風濤之苦何快如之何憚而不為之此中土所
急宜創興者也中國亟要之鐵路自以漢口至京師為經
道或病黃河之險鐵橋不易竣工亦可仿照俄國船橋之
製或即由漢口行至黃河之南岸用平面小火輪數艘運
貨過河再上火車至京或由周口斜行至蔡河過河寬僅

里許造橋亦甚易事其次則由雲梯關循淮水過潼關至西安直達喀什西通浩罕分支至伊犁南通土耳基（本名突厥）波斯北接俄羅斯南接意大利此極操五洲之利權於掌握者也其他由袁浦至天津由廣東至九江由上海歷粤閩至廣東由雲南歷黔蜀達秦中而抵三晉皆可次第及之但能通力合作上下一心固不難卒竟成功也

二十二日雪

午正至森彼得羅堡計行俄境一千六百八十里（俄里作八百三十七佳）爾斯特經行濶勿諾維里納的拿布列日擦倭司特布思

果盧噶嘎敕訥諸市鎮俄廷別遣內廷文案官廓爾察諸甫斯基本京提督花爾外部總辦柏蘭蓀總繙譯柏百福字茂林曾在北京二十餘年來迎軍士列隊者數百人儀文甚為隆異即乘其御用馬車至涅佛寺街店名歐羅巴大客棧寓焉西俗凡王侯會盟別國即寓大客店內不另設行館以客寓之靡侈或反逾於皇宮也旋拜會署理外部尚書基斯敬外部東方總辦格必尼斯及廓爾察等俄文員禮服均黑色金線蟠結作寶帶形官帽前後並銳彷彿舟形右蟠銀線作結束式亦佩劍自左腰以下直垂至足武官校皆

紅紬為衣釡繡蟠前胸幾滿亦有作十四畫者冠式若中
國兜鍪上飾以金佩刀形較濶便服與各國同惟冬月衣
長及踝耳寒暑表七度
二十三日早微晴午陰夜大雪
飯後拜晤大禮官王爵多耳喀樂古大禮官王爵素耳地
谷甫俄都府尹廵撫總領提督花爾等畢回寓禮官等來
答拜竝云俄皇因一禮拜外即係齋戒之期承遠來宜早
接見方盡地主之儀擬請明日兩點鐘呈遞
國書竝云今晚國主已備定坐位請至皇家大戲院觀劇

比以未及成禮敬辭復云齋戒期內例不演戲今日適值禮拜日演戲乃國中慶會之舉過此即不復舉行國主殷殷致情未可拘泥致拂盛意也允之夜偕從官至戲院場廣可容二千人前為廣臺臺下置鼓吹各部共八十人中為平廳周回圍以雅座為樓八層最下設俄皇正寶座須有客至乃同入臺兩旁各設俄皇便坐均飾金碧帷幔俄主亦不時與妃嬪偕來殆與民同樂之意今新主尚守孝服故未能來齣名鴻池假託德世子感戀雁女而妖鳥忌之聲光炫麗意態殊佳並演宮中格集各國樂妓跳舞或

百人或六七十人衣裝隨時變換皆鮮豔奪目每更一齣則以布遮之及復開而場中陳設並異油畫山水幾於逼真遠望直若重巖疊嶂有類數十里之遥者若設爲市鎮則衢巷紛歧儼然五都之市康莊旁達也至於曲中節目則不免近於神仙詭誕之説與中土小說家言畧同不必贅述許竹使夜奉密電

旨一道當知照過來謹即祇領欽遵籌維及之中國使館在昔而格斯衡俄地極寒是日寒暑表降至一度零俄京屋宇四壁皆作夾縫置火鑪使由内透達或用鐵管通引

火氣周繞無遺以故外則嚴冬而室內儘可衣單袂或有時火盛人滿電鐙過多則又有類盛夏矣蓋不如是則牆壁必至凍裂也

使俄草卷四

臣王之春恭紀

光緒二十一年乙未正月二十六日雪

是日一點半鐘俄廷遣禮官三人兵弁數十竝俄主坐車一乘馬六匹來迎即率參隨繙譯各員至俄太子宮俄主雖已承大統而舊官參將尚衣參將衣以喪服未及期年未行加冕禮故仍居東宮宮亦為樓數十楹階級層折而升至第三層為寢宮宮對面為廣廳已設筵相待至即入座陪宴者為宮寢總管王爵之夫人格利正若中國福晉代俄

后爲主席伯爵小姐拉蒙斯多爾甫爲介西俗重女此蓋
至隆之禮也參隨各員亦列宴廳左右宴畢寢門騤闢余
偕襄辦楊宜治繙譯李壽田分捧
國書入門一鞠躬少進又一鞠躬俄主與俄后竝先立待
亦一鞠躬答禮又一鞠躬先遞致唁
國書書云
大清國
大皇帝聞
大俄國

大皇帝呵咧克桑德爾第三薨逝甚爲悼惜因念中國與
貴國訂交最先前
大皇帝在位多年尤敦睦誼凡遇兩國交涉事宜無不推
誠相與茲特簡頭品頂戴湖北布政使王之春前往
貴國專齎
國書特致唁忱以表格外和好之據惟望嗣位
大皇帝克承先志永固邦交從此我兩國聘問往來情誼
加厚共高昇平之福朕實有厚望焉
大清光緒二十年十月二十五日俄主接受亦一鞠躬復

呈遞致賀
國書書云
大清國
大皇帝忻悉
大俄國
大皇帝克紹
丕基嗣登
寶位篤親鄰之至誼洽修好之歡心因念中國與
貴國立約最早締交最深茲特簡頭品頂戴湖北布政使

王之春前往

貴國齎遞

國書特申致賀之意較前規而加密期永好以無愆惟願

實祚益隆邦交愈固兩國共富昇平之福朕實有厚望焉

大清光緒二十年十月二十五日俄主接受又答一鞠躬

因讀唁辭曰

大清國欽差大臣王之春欽奉

簡命出使

貴國恭維前

大皇帝呵唎克桑德爾第三薨逝

大清國

大皇帝甚為悼惜特遣使臣專致唁忱以申和好之意伏

念前

大皇帝在位多年德化懋昭治功顯著深為中外所欽仰

使臣前來奠醊尤不勝慕戀之忱焉復讀須辭曰

大清國欽差大臣王之春欽承

特簡奉使

貴邦恭維

大皇帝昔曾遊歷中華與我
中朝最稱親睦威望德業超越尋常使臣前在廣東親炙
光儀仰承
垂顧夙深欽佩今
大皇帝寅荷
天庥丕基克紹祥開蘭牒貽燕翼於宗支澤溥節蔭垂鴻
庥於億兆治隆上理益懋前規使臣親奉
國書上呈
尊覽以為永敦和好之據惟冀

大皇帝體中國
大皇帝之意益篤邦交互求裨益使臣不勝欣忭之至讀
畢繙譯官隨以俄文再為宣讀答辭云中俄兩國和好本
有二百餘年今承
貴國
大皇帝特遣貴大臣遠來唁賀祇深銘感前經遊歷中華
具見風俗政治知為教化最先之國而人民繁盛物產殷
富實甲於地球兼在廣東荷貴大臣款接和洽有加每念
前遊未嘗不時時神往自當仰體

大皇帝之意益相輯睦庶兩國往來日更親密敬煩貴大
臣轉爲奏
聞並代致謝
盛意從此兩國共髙昇平實爲榮幸之至、又云我見貴大
臣甚爲歡悅、前在廣東遊歷、曾蒙接待款洽至極、現在中
日兩國快要停戈講和、聞
貴國今派李鴻章赴東洋相商一切果否答云是中日戰
事昨蒙
大皇帝勸釋敝國實深感謝尚懇

大皇帝主持勸釋俾兩國仍臻和好答云凡事以和為貴

貴國與敝國邦交二百餘年又承遠來自無不竭力相助之理煩代為致意

貴國

大皇帝答云是復一鞠躬禮畢退出少頃俄主出見參隨人等復云廣東議會時蒙貴大臣主席今日可偁舊交答云是復詢從官有當日在廣東者否答云有二人曾在廣東復云爾等遠來勞苦甚感歡忱之至遂取春[illegible]送

呈俄皇七律二首

累朝脩好固同盟特遣行人數萬程如日重瞻雙鳳闕

前星回首五羊城膺符應運新承緒當璧徵祥舊著名

上館緇衣榮使節更蒙握手慰䡄征

東華世胄溯銀潢帝錫年齡應壽昌雨雪來斯人樂歲

卿雲糺縵史書祥珠盤好合衣裳會環海澄清日月長

中夏使臣勞念舊客星何敢比嚴光

二十五日雪

飯後拜晤宮殿大將軍王爵都魯伯即貴宮殿大將軍王

爵邦庚多爾甫竝昨日陪宴之格利正拉蒙斯多爾甫及

內務大臣伯爵二人花郎乍甫達赤閣甫副大臣子爵福利得利什管理太后各善會大臣伯爵二人巴什賈得甫頗達素甫管理內閣總辦邦寗于伯甫梟英法德奧義土各國頭等公使各部大臣都察院夜俄主復遣人邀同從官至皇家戲院觀演馬戲竝演法人與阿非利加洲爭戰事礮馬各隊皆有行列亦有女軍二十人大車礮四尊則以紙爲之亦然巨爆竹作響黑人亦步隊數十法始敗而終勝攻毀阿洲礮臺蓋雖戲齣猶不忘武備也

二十六日雪

各官來回拜竝接見十餘起夜許星使邀同楊虞裳潘慎初至使館議敘豫備外部覆云此次俄皇有願為我國家協助之意情殊肫摯惟不肯先期宣布為囑渠言駐俄四年以來所未有也謹案俄羅斯一作鄂羅斯一作阿羅思徐松龕云即漢之渾窳屈射北丁零堅昆奄蔡七椿園陳資齋云即康居大月氏烏孫條支條支即波斯古今譯字遞異審音按圖實即一地與俄無涉魏默深云即元魏時之烏洛侯唐時黠戞斯骨利幹其偁烏洛侯者謂侯為俟字之譌以國名音轉為據似亦近理然細審彼族音轉自偁國曰嚕西牙自偁人

曰路斯格六代及隋猶屬野番唐末西方拏漫族之法蘭然人曰盧立克（一作魯立格）者與其二弟曰西納非曰忒魯縛爾菈驍勇善戰崛起懦味各六因肥尼帶酋長重抽商稅民庶不服召盧立克保護既至即據守古拉多噶河使西納非守倭齊羅湖之北忒魯縛爾近百拉斯果非屯紮於是全地皆為俄有越二年二弟皆卒無子盧立克收取其地遂自偁俄王（古時俄分三族南為釋的恆北為斐奄斯中為斯雷逢意含出自古傳盧立克並非其族）竊考載籍驗以聞見斷為吐蕃之遺而實兼有以上諸地（瀛寰志畧於歐洲西北各國皆偁土蕃失考）西人謂俄起唐季又云土蕃宏

土種類又偁為西底阿土番當必有據舊唐書吐蕃者禿髮也與尼乃禿髮利鹿孤之子後改姓為窣勃野嚕西才與禿髮路斯格盧立克與窣勃野音實相諧又按後漢書西羌氏族無定或以父名母姓為種號今俄制國中人名載時憲書凡人家生子擇吉日所繫之名命之貴為王子賤為奴隸胥同此偁先代察爾之名任人蹈襲無所忌諱投人名剌糸具父名以識別焉此亦一證也今譯其國八百六十二年暨一千五十四年之圖唐懿宗咸通二年建宋仁宗至和元年時土耳基最強俄亦未能介黑海而接希臘綏林雖萌尚未奄有窮髮泰西人記載謂勃爾噶利人本亞細亞民族遷歐東境以牧為業五百五十九年斯拉完人合兵濟大腦河畧馬幾頓德賴斯進入東羅馬攷其時即唐之中葉東

羅馬屬地實已暨黑海而思拉完族之與勃爾噶利俱由亞細亞遷住固無疑矣元史太祖十七年進取阿速斡羅思康里(即古高車國)欽察太宗九年破欽察并拔斡羅思也列贊城(列贊城即列晉其地在莫斯克窪之東南)今蒙古語言與俄殊異譯音亦尚未塙未可據斡羅思即俄羅斯也或又云唐時西域有怛羅斯與康居俱在哈薩克右中部(案準噶爾實姓綽羅斯當即怛羅斯之譌)元開幕府阿母河地實相鄰或因音近目其北皆此類而以怛羅斯該之怛斡一聲至兀魯斯阿羅斯鄂羅思皆其譯音遞轉也今按元時阿速欽察阿羅斯吉利吉思昂可

新諸國日尋干戈元太祖滅之以封長子兀赤地皆在蔥嶺西北未至東方阿羅思族裔逃於北海之計由而臣服於元俄羅斯阿羅思轉音也自立為汗又并東方之悉畢爾遂抗衡秦西康熙朝使羅刹羅刹出於佛書非俄羅斯也其偁羅刹者乃噶西牙之轉音急呼之則成羅刹二字諸書多以悉畢爾之人為羅刹謂為俄羅屬部誤矣閩百詩定俄羅斯非羅刹不為無見俞正燮猶傅會佛書謂羅刹種人素與佛不合自立天主教當佛時羅刹王名阿修羅敗陵佛國佛國深畏之塞佛國即五印度當日羅俄遠甚前明晚季俄始圖悉畢爾得頭目冒頓之王庭堅昆丁零烏洛侯黠戛斯骨利幹靺鞨室韋之故墟再東而及於渤海靺鞨侵佔雅克薩尼布楚二城我朝遣兵逐之與佛國無涉復詔絕其恰克圖貿易乃退出二城嘉慶十一年吳榮光

等奏查明路唖國來廣貿易情形路唖即俄羅斯國禮部則例亦有路唖之號此皆就其本國語音譯之其音適合蓋路斯格三字急呼之即成路唖也其稱俄羅斯者蓋自荷蘭英吉利人遞譯菈非本音自來國名族類日久傳譯展轉沿譌大都如是特既通行中夏載在國典不得不仍其舊稱也是日俄表縮至五度門外馬鼻穋白御者堅冰在須矣

東許竹簣星使

霜臺騁轡戀珂鄉未賦同舟早望洋使出詞曹天上重

槎循

皇路海西長匡時籌筆潛消釁照乘聯珠倍有光都護何

論班定遠籍材交涉向東方（俄有外部東方總辦專司交涉）

清談玉屑領芬蘭樽俎聯翩更大餐天下一家聲氣洽

座中佳士笑言歡（同時外部宴集皆得歡心）犬牙相錯安連壤牛耳

能持讓主壇語不離宗歸鎮定詎愁時局起波瀾

手捧

天書出國門烽煙獵獵望中原關河北地鞭先著槃敦西

鄰體自尊足濯扶桑爭赤壤氣凌絕徼諭烏孫珠方奉

使同時少何辛南鉞接館垣

二十七日雪

俄皇遣陪官邀遊皇宮室四周如方璧形為樓三層第二層初入為議事廳再入為俄皇燕息之所及太后寢宮有金殿牀帳棹椅皆塗金為之中置金盤以數百計銀殿并鏤銀為之孔雀殿皆孔雀石即中國所稱綠松石者石柱大圍二尺長可丈餘將軍殿皆列代功臣繪像殿壁皆用油繪古戰陣事用示不忘武備之意再進為俄前皇亞勒克桑德像及前后賽阿尼寢宮及太子肄業之所又一所

儲各國歷代錢幣及寶星之類更出為跳舞場援俄地舊
本荒寒之區向無居民惟南方溫煖始有田廬而人多粗
鄙不相統屬唐咸通三年即西厤八百六十餘年始有俄
羅斯之名其開國王名魯立克一作祿利格建都懦味各
六撫有俄地王薨子依各爾僅四歲相臣阿列克攝行王
事襲取繼斐而遷都馬又能開拓疆土立約通商誠俄之
錚錚者阿相卒依各爾親政三十二年戰死於哥羅斯潭
王后哦轄攝政具有智巧膽畧故能攻取地里肥含殺其
王馬利以報夫仇及依各爾之子斯味挨多司拉年長英

勇又從繼斐遷至布爾介掠凡俄每遷都步步進向希臘
膏腴地方後為百基尼揀族所殺長子雅兒波拉克嗣位
次弟弗拉得爾莫弑之并據其地令通國皆習希臘教延
請希士訓迪百姓在位三十五年卒性荒淫無度其后即
雅兒之婦子斯味揆多北立與其弟雅兒阿司拉夫戰敗
死雅兒嗣位當中國宋至和元年斯時俄勢孱弱兄弟自
相爭戰親貴遂分佔土地不能制服厥後惟弗拉得莫爾
弟及安得烈二主畧具勇德黎民歸化南宋端平三年雅
兒阿司拉夫第二同其宗室勛戚戰死於蒙古族之難王

有兩弟依次繼立其長子生五子其弟三子阿勒克桑德
南味司干號稱英明與日耳曼瑞典羅窦阿尼亞人戰俱
勝後與蒙古人戰敗死歲貢元代銀四十八萬兩其弟嗣
為王始傳子時忒菲爾王與莫斯科王爭戰二十八年忒
菲爾王敗莫斯科王即位號伊凡第一治國明決頗能振
興豫立子西面為嗣西面死無嗣國又擾亂西面之弟伊
凡第二即位歷六年底米丟立暴亂淫虐無君人之度傳
位伊凡第三英明機警俄稱中國傳孫伊凡第四居心殘
虐謬戾嗜殺或縱猛獸食之或火焚水淹死之幾無人理

惟一子最佳竟殺之傳位與無能之子名非得兒當明萬歷甲申年非得兒有子底米丟第二其臣波離司忌之方十歲遊阿提得斯花園喉殊而死波離司遂篡立既而偽底米丟法西里相繼擾亂乃舉麥格而為王麥格而者姓羅曼懦非其父即教士非喇里底司前使波蘭被囚未釋母與前朝亦係懿親累世忠貞人咸謂其德澤胄系宜膺是位乃迎立之其父非喇里底司還國亦能悉心輔佐麥格而死子非得兒第二立五年亦死無子有母弟曰伊凡第五庶弟曰彼得竝立為王所非愛者前后阿來格賽之

女守貞不嫁伊凡無能藉保衛名擅權干政欲使人殺彼得事洩所非愛出室彼得之權始振伊凡擁虛名彼得性情頗躁賴美伊秀遇事匡正之幼即令習武事為戲聘法人雷富卜德訓以文字兵機彼得下淚曰凡玆文武事宜皆勝於俄何我國之不講求也年二十二微服出遊英國學習船政算學及一切製造之事反國乃遷令彼得羅堡通商聚財一以霸術為事遂致富強與各國連戰皆捷惟殺妻殺子性頗殘忍年五十餘遺疾卒后喀特林嗣立喀特林屢為人妾彼得喜其色而立之為后突厥之難卒賴

其力以脱於險在位二年仁恕有餘假權於孟啟谷而暱西比亞王及犂縛尼亞總督士懦文滑兇然甚有才能故克益拓疆土嗣彼得第二年十二卒乃立彼得姪女亞拏為王頗能整肅綱紀惟寵幸别倫頗弄事權及伊凡第六嗣位彼得姪女以利沙伯有智能執亞拏彼得下之獄而以利沙伯嗣位狎昵私寵大權旁落無可紀者及卒而彼得第三立其后喀特林第二藩王安好德之女也名所非雅與波蘭人斯坦以斯拉奇果利金的波合謀乘夜戎衣統眾入城廢彼得而自立尋復弑之居位數十年戰勝攻

取列邦畏慕而所選虞侯十餘人濫承恩寵侵肥不支喜
閱慘殺之繪圖常御之室懸名人所繪屋急谷及憶斯美
拉屠殺流血諸狀喀特林第二卒而保羅嗣立保羅失愛
於母其子阿勒克桑德頗承祖母之愛論者謂其不蔑視
父而承命自立為能全孝行而寢衾尚溫彭寗生之巾已
加其頸阿勒克年二十有五不能討賊此宜律以中國春
秋之義者也阿勒克桑德第二在位值法王拿破崙第一
攻滅侵佔各國屬地威名甚盛嗣與法人失和法起兵來
攻而俄地早寒八九月間已冰凝雪積法以道疲糧竭之

衆求戰不得就食無資卒致潰敗重為英人所擒一千八百二十四年俄地大水森彼得堡地本卑溼逼近納法河通斐諾蘭海灣每西南風甚滾捲海水入内即成澤國是年十一月十九日自辰至申海潮乘風捲入城内平屋没巔百姓牲畜漂浮無算阿勒克方遺足疾蔚安排盾公主生二女不育失寵更娶奈力斯禁之女為妃生一女以不謹被廢女年十八亦殤阿勒克慟之遂與排盾和好如初排盾有疾醫者云水土不服宜遷居乃移居阿薩弗之海灣車行甚疾王及妃不久相繼卒無子遺命以仲弟君士

但公讓位季弟尼可剌嗣立爲中國道光六年丙戌歲值軍士叛亂刑戮頗重其與突厥波斯波蘭各國爭戰死者百萬敵且倍之時英使洗馬耳克識大義卒合英法助突敗俄尼可剌憤恨即世俄始受命於維也納自是俄之兵輪不能出黑海及地中海咸豐六年阿吻克桑德爾第二嗣立亦尚能不競武功普法之戰黑海敗盟而俄終不欲逞志於突厥者畏英之躡其後也至前皇阿吻克桑德爾第三秉性仁慈以息戰安民爲心在位十四年刀不出鞘不可謂非共主也今俄皇尼可剌第二嗣位甫數月一切

皆仍舊制亦尚未可驟定其志趣然息境安民自可祈天永命鄙人敢豫為決其鎮靜不擾耳

二十八日晴

是日為俄曆二月初十相傳為耶穌釘死十字架之日凡老幼男婦皆食雞子傾城士女遊觀跳舞以為笑樂按俄曆較英法曆後十二日英法曆為二月廿二其所稱耶穌死期於前十二日舉行中曆之正月十六日也耶穌釘死十字架閱七禮拜復生說本誕妄而彼此互歧亦可見其不經之甚矣因至大教堂一遊堂高四十餘丈黑柱石大

可五人合抱金剛石一顆頗巨光芒射目堂内綠松石及青精石柱大適數尺分三節合成每節長均逾丈上爲圓頂以數十計耶穌及諸弟子像皆用碎五色砌成遠望之若油繪者然創始於嘉慶中葉至咸豐六年始落成費二千萬萬盧布虚糜金碧罔計生民膏血固由愚民崇信之過彼教王教士假天堂地獄之説以哄騙布施卒使置之無用之地與中國僧道同一伎倆舉國若狂懵焉罔覺不亦傎乎未刻俄君后同車出游彼此相值俄主一手加額以示親愜隨即馳過

二十九日晴

飯後柏百福云、前日所遊皇宫、因日晚向缺其兩面、請補觀之、蓋實博物院、特地鄰宫禁、樓閣連達耳几羅、珍寶奇玩、金剛石獨多、青精石瓶二、孔翠石瓶二、高各六七尺、又孔翠石案二、長四尺餘、皆其國所矜異者、然皆鱗比鑲成者、特嵌合無迹、亦未易工也、樓中極設所塑彼得羅像、衣服倚坐、仰目上視、僅上脣有髭、不似俄人之多髯者、象殊猛鷙、旁置常用鐵方杖一、重百三十餘觔、木盌木盂木盤最槩二十餘事、列之廚中、懸魚骨鐙一、皆其變姓名遊歐

洲習工匠時手製也常乘之馬常畜二犬及獵得一虎皆
完飾皮革立其前神氣如生殆亦漢時原廟衣冠之意乎
世宗憲皇帝嘗獵得巨熊長幾四丈今存

雍和宮中視此區區一虎蓋蔑如也晚許星使列讌招俄
外部各官余與參隨各員中外雜坐極歡始散夜使館同
人復備馬車邀同過泥反江馳騁約二三十里領署各處
鄉景并跳舞會

雪夜游鄉景觀跳舞會即事

十分清極不知寒怒馬飛車報夜闌攜手有人冰上立

賞心樂事畫中看商音變徵關河感古調移宫抗墜彈歌管歐西盛荼會我聞如是亦殊觀

三十日晴

西例凡行慶賀禮必賸以儀物因前在京師購得雙龍景泰藍花大銅盤一對金玉寶石嵌鑲大屛風一對金鑲白玉大如意一柄、又在柏林華店購得六尺高景泰藍花大銅瓶帶座一對屬其裝潢後由火車寄俄、至是始到、合爲四色外致送外部禮官各大臣諸色禮物又西例使臣亦須將意即春秋私覿意也前在上海廣東購就各物及繡

屛等件因火車行速小有破損招工整理其王公外部禮
官東方總辦各大臣多攜眷屬先後來觀餉以酒果極數
日酬應之繁

二月癸卯朔晴

先日報館照像人來將中華所贈送俄主各物分照各圖
本日巳初囑楊虞裳率二繙譯安置妥貼偕同禮官護送
太子宮并附呈自備一分均經俄主派員點收稱謝復遣
人分送各官禮物畢午刻至泥瓦江西北岸觀鑄錢局總
管官導入各室指觀其機器有市於英德各國有本國官

廠自造者大者一百匹馬力小者二十五匹馬力凡印模二十一分秤分銖者十四分壓條者十分煮錢者二方釜用石炭每日出金錢大小四萬（大者直十盧布小者半之）銀盧布大小三十萬六千（大者百戈比次者半之至五戈比止）銅戈比大小約十三萬（大者五次三次一又次半之其銅戈比作白色彷彿小銀錢初不似他國用紅銅者印模亦相彷惟邊幅無鋸齒目）以淨質長方狹條鍊熟用機轉鐵碌礡上下滚壓成片先以銅範冒切成圓胚再加打磨入酸水煮之光采乃出再左右推印邊款上下壓印花紋邊識成色分銖陽面範俄王像陰面範雙鷹承冕識加冕也金錢大者重合中國庫

平三錢五分强銀盧布大者重五錢六分餘遞減又觀其
分化金銀銅鉛鑪廠其金皆來自悉畢爾金數大者重一
鏞特三觔一鏞特合二十七觔半小者二觔似中國之方寶其剪切
所餘碎塊屑末復鎔之凡礦化其渣滓取其純質人各執
一業極有條理役二百人董其成者二員司事者六員而
已歸經撒特羅羅把勿洛甫司克礮城蓋拒敵西來保護
全城之壘也其礮皆藏於內用時推軸而升臺憑泥瓦江
用磚石雜土起造其兵房火藥倉居下層周迴約百餘丈
高丈許據云因瑞典舊基非新式也按是日為俄厤二月

月十三號俄地極北而日行南陸故非停午夜分不見曦彼得堡在北極出地五十九度五十五分寒暑表或至二三十分距我順天時刻差至五時四十四分四十六秒餘順天之午正初刻俄京為卯正一刻十三秒零其城南三十里有卜爾可倭測量天星臺泥瓦江北岸亦有一測量處猶英之喀呢力遲其距喀呢力遲三十度十六分三十秒變時則二時一分六秒中國觀象臺在赤道三十九度五十四分又十分分之四距喀呢力遲一百一十六度二十八分十二秒變時得七時四十五分五十二秒又十分秒

之八中俄相距實五時四十四分四十六秒又十分秒之八也俄麻載彼得堡午正莫斯科巳午正二刻喀謇則未初一刻伊爾古慈克申正三刻十一分才庫特酉初二刻九分我北京當酉初三刻五分上海酉正五分倫敦巳初三刻十七分三十秒巴黎巳正九分柏林巳初三刻十分羅馬巳正三刻五分維也納午初四分突厥巳正三刻十四分日斯巴尼亞都城嗎得黎巳初二刻十四分瑞典都城世拖克郭力木午初十分比利時都城布留協利巳正一刻美國都城紐約酉初三刻舊金山未初三刻五分墨

西哥申初一刻六分日本戌初一刻五分也考西厤肇始大秦該撒儒畧以十二月為年不別置閏沈存中夢溪筆譚中亦欲用此法特以立春為歲首驚蟄為二月不似西厤歲有定日也以其日附於月遂有三十一日為月者於耶穌生前四十五年正月朔為始厥後任意改竄至三十六年當閏九日而誤閏十二日遂令十二年不閏以合儒畧本旨至小餘積久生差當漢孺子嬰初始元年新莽建國四年及天鳳三年俱為閏日之年格哥里始改之又考歐厤原本回厤近世噶西尼等蘭黴發與推測尤詳自該國一千五百六十年教王格勒草里第十三

欲改厤法會諸博學士議之採西利約語作新厤以三百六十五日五時四十九分十二杪為一年名曰格勒革里厤英法諸國至今遵用之俄人用猶太厤以耶穌生年為始閏四年閏一日必在二月亦與諸國同惟用三百六十五日為歲實月朔恆後於各國十二日其歲首則在中國冬至後二十二日也正月曰壓洛洼爾（三十一日）二月曰非兀里阿力（常歲二十八日閏年二十九日）三月曰瑪立特（三十一日）四月曰阿普拈立（三十日）五月曰瑪乙（三十一日）六月曰憋諾（三十日）七月曰憋立（三十一日）八月曰阿卑姑斯特（三十一日）九月曰寫洛特雅卑爾

三十日十月曰倭克特雅卑三十一日十一月曰諾雅布爾三十日十二月曰顛喀卑爾三十一日彼得堡以六月十日爲晝長日出丑初三十七分日入亥正二十七分以十二月十日爲晝短日出巳正五分日入未初五十五分夏至前後兩月幾於不夜冬至前後兩月幾於不晝晚使館參隨繙譯各官邀同余及從官等讌敘計金楷理堂（本德人生長美堅今服制雖未改而已自偁奉儒教矣）林怡游和叔巳克他納玉田李鴻桂佑軒岳廷彬斐君金釆惠疇方元熙明甫劉式訓紫升許鼎鈞燮梅陸徵祥子興

初二日晴午後微雪

陪官魯達諾甫斯基邀遊博物院途遇俄君后覲愜如前冰車滑迅不及回敬少頃至院院為樓十數楹初至一樓為石人像雕鏤工細奕奕如生繼入則向所塑彼得像樓也再下一層木塑戰將士卒像銅鐵兜鍪全身皆備或為碎片連綴或為綱絲相屬面具以銅為之尖圓長方形模不一殆即狄武襄之遺製與其次則刀劍槍礮之屬良楛利鈍各色都具不必皆精美也又一樓備列各國錢幣再次為油畫院聯屬三四楹圖其先代汗象歐洲古事或奇

異花鳥世所罕覯得勝神像背生兩翅許人跪而臨之士女來摹繪者見中國人至皆肅立起敬復繞至大海街觀俄監獄管獄官導引周歷各所其例凡讞定後禁錮或一二年或三五年至十年止男女隔別司女監皆老婦無男子獄中設各作廠督諸犯分造鐵木器具及績麻織布縫紝衣服裝訂書籍製皮鞋造戲具搓煙捲黏紙匣之類各船廢纜皆解入使劈分擇取長者為絞繩織罽之用餘入製紙局所成物價給各犯衣食即以周轉初入者量其材質教以可能使之習勞俾克自食力柔其氣質化其戾疵

意甚厚也而官帑亦因之節校之漢時城旦鬼薪立法尤
善獨罪重者閉諸暗室餘或四人或八人或十餘人共一
室給枕褥衣履庖湢皆清潔男女各立一塾夜習文字置
塾師教之亦有習樂歌者使按譜歌一曲大有節奏禮拜
堂二區至期相率頂禮誦經案有不決者置獄使教士講
說往往有感泣自願承招不煩更爲敲撲者亦可法也其
食每日凡三次晨給茗餘給油麥餅人一肴有疾者更處
一室以官醫治之别一庖以防傳染樓凡四層屋三百間
院中雜植花卉下列長杌云使各犯風乎其間釋散鬱湮

也歸涂繞宮庭一周見泥瓦江濱有阿爾寒人列幕其上以三鹿駕車鹿澹墨色角長多歧而銳者類犢大亦近之毛長身矮不似中夏之鹿文斑璀而足伎伎也車小無幔僅可坐一人驅之行亦甚速又有駕犬使拉器物車平下無廂皆使犬使鹿之遺俗也夜復偕同人至外部東方總辦柏蘭蓀家茶會其馬單（西人譯稱猶華言太太也各國皆同此稱）並二子皆出見已能英法語言蓋俄之樾遷恆在此數國故自童時即就師習之可想見其國勢之在歐洲矣

初三日晴未正大雪

許星使過談頗久、按俄之鐵路如蛛結網然、皆在歐洲其中亞細亞惟布哈爾蓋已近印度至於至東方之西伯里亞則尚擬築而未就、然觀俄人之志必當卒觀厥成也、又芬蘭一省前屬瑞典後雖割隸於俄然俄之政令終未能及其鐵路亦未至芬蘭即俄之錢幣亦拒而不用、彼族之民志抑何固結乃爾也、又按俄近日頗講求文治、而所讀多法國之書、法人多主民政、故俄之亂黨甚多、有喀拉波特肯黨、有拉勿諾甫黨、有格爾特捫黨、有嘰爾皺黨、大旨謂俄貧富不均、國家賦稅重、思一切反之、易君主為民主馬至所謂尼希里結黨最先今已大半翦除又俄制凡貴官多由世及其讀各國書者頗自負才能而名位反居其下多有私意不平者是宜急講中學俾讀論孟五經使知綱常之理則在下者自不敢侵凌其上矣已正往觀冰嬉男女均躡冰鞋鞋製以鐵為之似華人草履而其下以單鐵條直貫其中高幾二寸登一亭高丈餘積冰為梯斜迤而下人各置牀上覆絨罽或坐或伏或倒行或仰臥或三四人蟬聯而下不一其狀美其名曰習勞實則遊嬉視京師之打滑㺚尚不能及其精健也午初遊萬生院觀奇禽異獸凡數十種海犀類牛海馬類

豕軀幹竝碩口大如箕象知奏樂犬知演劇馬知跳舞豕知人立獅虎豹熊皆閉以鐵柙一金絲猴每躍則鐵籠為之震搖雌狽二腹下有袋如磁褓一狽中有小狽時伸首出探此係初生者至能行則躍出矣山馬二花文如虎又一獸似駱駝身作驢形海犬大如獒見人縱身出水盤跚仰鳴聲戛戛頗厲下逮梟獍亦無不備洵哉博物之巨觀也曩讀詩經爾雅所載多目未經見者加以禽獸各種有古有而今無者亦有古無而今有者惜悤促不暇日手一編對之考校免使注疏家盈廷如聚訟也復遊阿克洼黎穆園有樓閣圖

嵌石作洞壑其用玻璃蓄水養諸魚鰕大致與德國同惟繞以回廊為稍異又園地極空曠中有斵冰成室三間者廣約三丈餘高可丈餘門外鼓吹亭二旁列礮四尊又為臺立一人眉目手足刻鏤工細室内窗牖机榻燈爐枕衾皆以冰為之惟妙惟肖糅樟腦其下光澈晶瑩亦偉觀也申刻復遊蠟人館廣大不及柏林而前代骷髏棺槨雜置其中塑華人一衣古繡衣神氣不甚相肖蓋見亦希矣又一室塑其前代肉刑如犁舌剖腹劓鼻刖足及以鍁搗乳以鐵皮寸許上排密錐内向而環其頸將罪人納入而後

合之種種慘酷不忍逼視萬國史記謂俄主宜萬即俄史所稱伊凡第四以峻法治下晚年益酷戮臣民至數萬人此類刑具或即所造今既解除煩苛特表以邀結其民也又一室飾人藏府肢體各隱祕病狀及婦人產難腹內兒形由初孕至臨產皆具亦有人並具陰陽二形者廊下塑女兵一列冠雉尾兜鍪銅鎧甲前日馬戲中亦有女兵隊十許人按舊唐書大食傳言女國在其西北相去三月行程大食即今突厥準其地望當在俄境之南俄近已兼有黑海矣南懷仁坤輿圖說記女國在韃爾靼遮西日亞瑪作搦最驍勇善戰茲殆

即其卒伍與又壁間平列顯微鏡二十餘視其內圖山川
人物廛市及俄土法瑞諸戰狀礮臺港口防守要隘頗具
大概而已

偕同人觀跑冰圜

泥滑滑戰兢兢御飛車履薄冰亭皐直落數十步是何
蹻健得未曾鋼條嵌地痕礙玉轍跡破紋聲裂繒連袂
嬌癡小兒女寒光退避熱氣蒸拳足附背疊偎抱往過
來續若相乘飛燕身材應善舞如熊意氣多飛淩有時
並肩雙挽手毫無假借殊自矜老夫偶立高闌處未免

豪情洿然興西俗冰嬉久成例士女如雲皆精能堪笑
宴安本踈懶暖閣行酒輒呼朋冰天雪地大自在以此
視彼何足稱

初四日晴

巳正魯達諾甫斯基邀同乘冰車觀其船式廠廠主脫帽相見殷殷導觀其各種船式蓋西例凡造一船必先製一小者交京中備考驗機軸樓櫓礮位舵樓煙囱無不一一備具視彼船無異製也其他機軸各種之小者則另備一種存儲院中以資講究其餘槍彈各物亦畧具列壁間龕

列泥塑小兵數十凡留心武備者皆可入而講求之大彼得羅所手製各船今猶存其式於院中亦可見彼國强兵之有自來也康熙六十年大彼得羅曾貢其手製木船式三隻於中朝今不知猶存內庫否

國家他日若彷照此院為講求武備之用則此三船似亦宜付儲院中俾資考證也午正復率從官往觀陸操所謂教場兵日日備戰者也始演距躍横木緣梯緣繩躍溝諸藝既而卧地放槍其槍後膛式同毛瑟皆本廠所造室中

操練則用打銅帽槍的長四寸闊約二寸餘上繪一人懸二十五步外凡四槍皆中其身為最又有列屛式如中國之射鵠中寸餘為正的蓋立而擊之者又有圓如髀侯者蓋武備習槍所用其中紅心大如卵外凡七圍能擊中心者為最餘依次記之每歲七月大閱槍法準者給以雙槍式銀佩等於寶星其兵所居每羅特别（猶中國一棚也）一屋午課畢分班執槍環王庭一周違令者禁别室有定謫所償把過大則送刑官按治病有醫官藥由公家給發午餐人麥餅三觔牛肉一大塊山藥豆羹一盞牛湯兩人共一盂每

羅特別一儲衣服靴帽之所暇習他項工藝者聽之營中有禮拜堂凡陣没者鏤其名懸廊間旗幟經戰勝者及戰敗而未失者列置神前用旌武功又觀先代銅兜鍪及俄主所加之冕銀鏤嵌五色寶石中立十字架其平常之冠如中國冬帽貂簷密嵌珠寶不用纓其禮服黃色織金如鷩用銀鼠帶尾其後長丈餘拂地四五尺后服亦如之自彼得羅變易服制效法英荷惟此冕尚存其舊耳復遊博物院其樓數十楹設各種農器開礦機器金銀銅鐵礦質各口大礮臺要地形勢玻璃廠磁廠錫廠皆彷造一具製

雖小而曲折盡致又以蠟範使犬使鹿之人凡鮮果蔬穀子粒皆以蠟製成極肖用物如刀劍銀盞銀壺之類多各國所貽者時辰表形模不一有雕鏤極精上嵌珠寶者亦有木廓者其槍至百餘種古軍械有如戈戟者有如矛盾者弓矢鞍䩞無一不有塑戰將戰馬均服鋼鎧甲類中國古制立室中如生鼹鼠大於犀牛徧身黑毛長尺許牙曲而黃用全骨傅以鄰而飾之如生按向傳冰洋有冰鼠大於象穴地以居見風日即斃其骨與牙並類象當即此也

復周行大海街溫宮後街各處街並廣闊中鋪方石左右

用木解段作八稜立布於地傅以藥水既平且堅餘以石子砌之歐西各城多如是今其上雪厚數寸民皆乘冰車厥制用馬車去其輪輻繫二橫木於下行甚便捷無異蒲輪安車也溫宮方里許即前所遊者俄俗凡宮觀橋梁屋脊多塑馬佛書云北方為馬主其殆謂此與歸途遇大雪許星使來細論俄政良久

初五日陰微雪午後畧晴

往許星使處坐談半晌後因柏百福約復與許公同遊其國書庫凡數十楹其書最古者為蠟丁猶太文用牛草錄

寫細作大卷以備一格蓋不復能開視也據西史稱猶太開國於有夏之時厥後遂啟希臘有商中葉濮哥落從厄日多來立國始以文字傳其國人歐人通文學自希臘始正如中國之賁史籀大篆也其次則麻哈墨特之經文乃得於巭厥者已知裝潢成冊矣至俄主彼得羅及喀特林所自手錄之書尤珍貴異常又有蒙古文西藏經典其護頁皆用革若英法荷蘭書不下數千種中國書籍有清文經書東華錄性理精義朱子全書中樞政要戶部則例等數十種亦有小說書若西廂記紅樓夢之類所藏約數十

萬卷天文算學與地醫學化學分别部首以類相從亦有
中國各色畫冊凡其國主自魯立克以次皆範鉛像列書
櫥之頂又凡該國宿儒皆圖其像以矜式後學歐洲創始
刻印在四百三十年德人名古呑伯爾克此樓乃一巨商
拉爾領所捐建特縣其像於壁間左右石碑四五甚古問
之皆蠟丁文文與今行字碼畧相類究不似中土籀篆也
樓右廣厦二區如學塾長几數十國之好學者許就近取
觀惟不得攜之外出且几各置燈許其卜夜時擲書者男
婦約百餘人正伏案研思郭侍郎云彼族一切皆由學校

良不誣也許星使云西人之琴亦是隔八相生按此製與
中法正合或疑中樂已失傳然中國琴絃其大者八十一
絲即所謂黃鐘之律也其第三絃五十四絲所謂三分損
一也其第二絃七十二絲所謂三分益一也餘可類推今
黃鐘之篪合周八寸一分圍徑二寸半其簧較大故其音
宏壯其次亦各以三分爲增損管笛雖長而其簧較小故
其音清細故排簫十二律皆備凡樂皆始於黃鐘者以長
爲極使限之不得再長也律協九九之數九九八十一故
以九寸爲始長止於黃鐘若引而長之則遞推遞廣安有

窮期故設十二律以是為準審音按律必使協和乃為一成其餘編鐘編磬各器皆有大小輕重長短鉅細之别始克無相奪倫五音十二律今竝具在稍參差即不應節黄鐘各器向存蜀中乃按之以協律者元季之亂始散佚無有存者惟八十四調乃屬勦說餘皆有可考特今之習其數者未能精知其意耳又唐代各樂今竝存日本國中中日戰事畢後似宜遣人從而習之以存一代制作許星使又言俄入口稅較英法皆有增惟城稅稍輕其款作修治街道溝渠官醫院三者之用馬車亦需捐稅而不甚重至英法之大捐窗柱捐諸名目一概

無之所產米麥雜糧石油較英法價賤皆一倍或二倍入則須領護照納丁稅每年四盧布外一盧布雜用他國人入境亦然使館例免稅此外無所謂月捐也俄之歐境各屬北稍荒寒南多沃壤惜皆惰農秋冬霜雪既降便事酣嬉親耒耜者歲不過五六月種耘本疏納稼滌場亦復草率因俄民多先代貴族奴僕常租既交足供口食即不更求生活今雖脫籍尚未能改錮習也

駐俄自日都門內外縱所遊歷隨時紀之亦足以

資考證新見聞也共得五章

宮闕何壯麗不越闌闠閭盡人可瞻仰附近民居環君
貴民豈賤熙熙相往還非不事土木疾苦切痌瘝寶藏
博奇古金碧光斑斕想見開𠤎時圖易復思艱立國自
唐宋雄峙出瀛寰子孫能保之自强無弱孱彼得更崛
起移兹波羅灣秖借隔域外丸泥封其關豈儒謭聞見
傳疑比神山我朝素通聘遠來敕書頒重門洞內外一
覽快老慳列國遜雄風莫謂若是班 王宮
古今出奇巧取之當以約天地產菁華聚之當用博通
來博物院列邦若搜索耳目所未經迹象或未諗有時

委泥沙否亦來高閣有俄啟土宇地方何廣漠刻意求
新奇議論費穿鑿五都目已眩小儒舌應嚼孜據幾何
代珍藏嚴扃鑰傳神列油像古音留雅樂數典設裳衣
米金列鼎鑊其餘不勝觀珠寶任叢錯旁門通宮院創
造久斟酌凡物鍾所好況與民同樂鑒賞出君公多取
不為虐　博物院

天人本一理陰陽無兩歧設教重神道使由不使知秦
漢愚黔首法令多參差宋元廓疆域風行同夏夷何期
教旨同奉天為主持覺雖無差等亦存救世思降生千

餘年假託人始疑堂皇起宮觀至今如神祇粉飾窮奢
麗金錢廣佈施此教嚴戒律誰敢汝瑕疵我來非頂禮
聊復瞻仰之高閣皮經典廣殿崇階墀諸夏雖有君肅
穆或遜茲（泰西諸國君民皆行教而教堂重於王宮）未免喟然歎發聾欲吼
獅彼族尤信好余情難詭隨洋洋徧海外豈徒俄羅斯

天主堂

立國重文教强國先武備時勢異古今蒼蒼果何意一
自强弱分成域須衆志誰爲借箸籌善事當利器西北
有大邦形勝若天賜府海而宫山苦寒偏得地多年創

海軍設局窮格致黑海直長驅天山誰暗覬氣挾鐵甲

飛非復樓船類武庫不勝收行當及鋒試坦白任人觀

英雄無顧忌其餘車同軌鐵路廣推暨再逾四五年暢

行里可記境接海參崴彼此邊陲寄相為唇齒邦通商

收美利近復更錢鈔畿內稱盛治製紙仿蔡倫經營到

文字雄長當歐洲庶幾樹一幟海軍機器造紙各局

天下皆同文篆籀為最古海外有聲教希臘文字祖極

盛或難繼後來疇步武所貴溯源流非徒事訓詁藏書

帝王家不媿圖書府傑閣四五層標題相參伍搜羅千

百年珍賞無朽腐漆書勝木皮石刻滿廊廡崇文國乃
興好名吾無取藏之者何人上繪莅領貫鑄像鎮書廚
彼族歷世主地雖瀛寰外接壤占車輔友邦惟中俄字連界處頗多
列經典中學海任網罟縱觀心何幸辨識功殊苦高文
在典冊畢竟推中土四庫多包羅書目燦織組儒臣經
校定大成非小補書扇

初六日辰正海霧大作室中皆須然鐙午正始復舊
柏百福邀同從官遊其製造錢幣局即造紙局蓋原彷中
土蔡倫所用魚網敗絮之法特其規制宏廠耳其始為漚

潰各絮麻之廠再次則初爲巨軸再爲抽分然後以重器壓而實之別有銅模隱印其汗像或各文字照視方現就便焙乾其裁紙初直幅次橫截別一室抽細線爲紙之筋絡使其耐用復一室爲石印諸錢幣花文由一而五及十及百千萬各有程式一見而知爲若干盧布其他製造紙張石印各色畫像一一備具不能以悉數終也廠主云廠中凡用三千六百人内女工八百人推而至鑄錢鑄礮各種局中所用當不止數萬人宜其國少游惰而日以富盛也中土欲圖自強舍鐵路製造曷以哉按俄之坐賈德人

居十之七八其心術皆狡與土著殆難融洽德與人嗜利不顧友邦之誼往往自其國偽造鈔票以行於俄易金銀錢以去愚民罔辨輒受其害亦以見世道之難也夜發一電致總署總辦請發俄員各寶星

初七日晴

擬奏報呈遞國書唁賀禮成竝起程回華日期順道游歷各國摺藁

奏為㬥臣行抵俄都呈遞國書日期恭摺仰祈

聖鑒事竊臣於上年十二月初七日在上海縣行館拜摺
後於是月初十日放洋海程險遠銜
命遄征於光緒二十一年正月十三日行抵法國屬之馬
賽登岸、十五日乘坐火車、次日抵法國都城與駐法使臣
龔照瑗接晤、十八日行抵德都由許景澄恭錄祗交電寄
密旨一道臣當即欽遵並將總理各國事務衙門交寄該
大臣
國書一道面交祗領訖該大臣遂即恭齎偕臣前往、二十
一日行抵俄界俄廷預遣外部譯員及二武員護御用火

車在館迎迓、二十二日午刻抵俄之森彼德堡都城復遣
撫軍提督及禮部卿列隊郊迎導至館寓、臣因許景澄續
奉電寄
密旨有先赴俄廷會商之件又以西例致賀須用禮物在
德添辦之件亦未到齊是以未遽向外部商訂禮節日期
二十三日俄禮部詢取頌辭譯底及隨員銜名二十四日
晨外部即傳俄皇命本日未刻進見屆時復以騎校御車
來迎臣即帶同司員隨員繙譯至太子宮外由其管理禮
部親王領臣入宮款宴後晉見俄皇將啥賀

國書二道先後呈遞俄皇接受答辭敬謝
皇上聖意關注時局慰勞行人極爲周至並令王公世爵
陪宴移晷方出凡自入境以後款接各節據許景澄稱皆
視其向待各駐使及唁賀各使之禮格外從優自像仰答
中朝道遠
特派使臣之意二月初一日柏林華店始將新購景泰藍
五尺大瓶一對裝潢運到臣復配以在華購備之赤金白
玉三鑲如意一柄景泰藍龍盤一對珠玉鑲嵌博古山水
座屏一對共爲四色作爲

國家禮物交由外部致送當接覆函稱俄主命敦受申謝
至唁禮一節西國向用金銀雕鏤及時鮮花卉作爲圈式
懸掛墓次臣一面囑工趕製於初八日齎赴俄前皇陵次
陳奠申述
朝廷唁賵之禮即日赴俄廷告辭尅期啟程取道巴黎倫
敦義國擬稍稍涉獵各邦水陸營壘及克虜伯礮廠即搭
德國公司輪船趕程回華詣
闕銷差所有繳臣奉
命齎書到俄呈遞日期暨唁賀禮成各緣由業經隨時電

奏茲並專摺祇呈伏乞

皇上聖鑒謹

奏

再臣因許景澄來商以各專使皆奉命賜俄臣實星中朝

未便缺如當經電奏請

旨光緒二十一年二月初九日接奉電傳

諭旨王之春電奏已悉應給寶星著照所請辦理欽此當

即欽遵照會俄外部一面知照許景澄趕製就近交給並

咨總理各國事務衙門俟摺單到時按填執照仍寄由許

景澄轉交以昭慎重所有遵給俄禮部世爵及禮卿執事
各大臣等賫星共二十八名各緣由理合備具清單附片
陳明伏乞
皇上聖鑒謹
奏
初八日陰
俄工已於昨日製就雕銀花圈大可三人合抱費盧布二
千餘金因遣人約許星使同赴前俄皇陵寢掛圈致唁參
隨以次隨行西俗凡其國中君后皆葬教堂自彼得羅以

下葉喀特林呵咧桑德尼可剌或祔以子或祔以弟不分昭穆其葬法則懸棺下窆砌石槨其上槨之上置畫像金十字架呵咧桑德第二者今主之祖凡其生平所愛珍物器用懸之壁間其與英法瑞典突厥波斯布哈爾愛烏罕希哇諸國戰勝之旗幟皆插於柱間以旌武功前王呵咧克桑德爾第三在堂中楹之右石槨下置明鐙周圍各色花草繽紛余率參贊至壠前行三鞠躬禮其禮官則屈一足於槨右以手指畫心作十字勢禮畢退出因便遊波羅的司克船廠觀新製鐵甲船其鑪輪兩旁厚七寸蓋雜以

鋁質爲之者夾底匡箱用鐵四萬五千餘鏀特統各機器共十三萬鏀特每鏀特重二十七斤半值三盧布零共用三十九萬餘盧布長三十八丈餘寬五丈輪廓機器工貲共計三百餘萬盧布一點鐘行八烏斥勒一烏斥勒合一唯爾斯特四分之三再加馬力二千一百行十九烏斥勒其廠周圍十五里所用工役二千餘專造兵輪並導觀錘鍊鋼鐵冶鑄機器諸所凡製器先成木質一具覿驗如式乃範土作模鎔鐵鑄之至於削磨修飾無一非用機器者其司鑪管者英人餘皆本國人也其督率工役即水師官

創始是廠時皆用荷蘭工師故今機器桅舵等名皆同荷蘭復遊阿爾喀的亞花園並近海小嶼亭榭橫斜迴廊曲折四周繚以花木頗得幽趣蓋皆富家巨室築以逭暑者也酉初許星使來談就留晚餐因詢

中朝與墨西哥訂約事成否麐裳答以美人昔招華工既有成效旋即苛待驅逐故此次議及條約不得不斟酌從事故至今尚未就緒竹使云墨西哥之招致華人乃使之自為業主畀以籽種經費若干按年勻攤還本本貲還後其田地即為華人產業此與美人自管田產僅招華工傭

種者有異此事似宜速辦者也又本日聞竹使因俄皇擬贈華使寶星一節晚發一電致總署

初九日雪

晨起俄主遣其翰林院内廷供奉呵咧克桑德諾甫斯基本波蘭人今為俄屬地道光間俄法與共滅波蘭分其地故今為俄人又按中國諱名泰西異是古聖賢帝王之名號往往隨取而同之地名亦然來云奉主命圖畫中朝欽使及各從官象懸之内廷以為觀美自辰初至巳正對坐兩時許始蔵事午正過泥瓦江遊格致學塾廣廈五十餘間分天文算學重學化學光學電學律例輿圖繪

畫測量醫理等齋其講天文之齋備大儀及天球其究醫理之室集人髑髏數十於廚又有全身枯骸立室中至於鳥獸之骸無不畢備有巨象其頭大如十斛栲栳脊骨幾於合抱據云此數百年之物吾疑必冰鼠之骨也化學室中庋諸藥水分化鑛質塾外懸巨繩列梯置木馬鞍馬式樹鐵柱挂鐵環令生徒暇時習伎擊厲筋骨焉歸塗過禮拜堂有俄官婚娶柏君邀入觀之其俗昏期男女皆至禮拜堂張燭奏樂數童子歌以叶之神甫領夫婦至神前誦經教誡既而以手摩頂數四咸俯首受誡攜歸成禮其親友

多來相禮伴送男女各數十人分立左右給經文一幅手
執口誦此外觀者樓上下約二百餘人
俄主遣翰林院挨田承旨來館繪喜樂圖並從事
各官意切縶維大有去思留名之意因賦
西極行來促簡書氣能完璧景相如
中朝禮已通和好異域人猶問起居自古綏邊推屬國即
今繪像到扶餘簪毫畫院新承旨儀表應教進玉徐
妙傳眉宇入丹青忘勢言情許肖形寫照有時煩象譯
蜚聲早已過龍庭日華耀采人生色雲漢爲章筆有靈

賓從聯翩成上客披圖爭識使臣星

初十日晴

拜發呈遞

國書及呈請

頒發俄廷諸臣工頭二三等寶星摺片竝咨文二角自到

比得僅無日不風雪陰霾此爲第一日暢好天氣擬即日

向外部告辭起行柏百福來云俄皇因答贈各物尚未備

齊請暫多住數日夜分邀觀矮人戲齣小象三數頭能人

立能倒立能以鼻撾鼓及各種舞法不可不一寓目也因

與從官談及俄廷於
中朝駐使未或一圖其象今竝圖及從官且聞外部擬具
摺呈請中使遠來隆禮無論其是否佩戴總應給與寶星
以示優異觀此則其視我
朝猶屬鄭重不因倭寇跳梁遽行菲薄也若能上下一心
同仇敵愾驅逐掃蕩之餘徐議廣開鐵道多置戰艦工商
合力製造一旦富強彼族又未嘗不憚而重之也夜至戲
場男女侏儒約十數人其殆猶道州矮民之遺法耶南史
梁天監四年禊飲華光殿河南獻龍駒能拜伏善舞河南

即今荷蘭也唐之舞馬其亦此類也歟

十一日晴

已正得總署覆電奉

旨著許景澄傳諭王之春俄國所贈寶星准其收受佩戴

未正至博物院觀賽畫會樓上下十數楹羅列近人所畫

山水花卉人物約數百種已經人購定者則另有紙片黏

其下釵弁駢集各就審視蓋臨摹考究婦人轉較男子爲

神凝志壹也歐洲婦人無一不識字就學者無事不與男

子同即戰陣亦用之是其人數雖寡實則一人有一人之

用中國婦女惟秘置室中是以人數雖多已廢棄其半於無用之地宜其積弱而不克自富强也今日中國萬不能似歐洲之蕩無檢束然建設女塾使之各習藝能自未嘗不可仿而行之日午游水師學堂總管官引導指示意極殷渥凡國之師船皆有木質式樣其製小而精船中礮位及活礮臺俱具有一小者其魚雷船碰鼻甚銳器藏鼻閒撳其鼻而施水騰沸四溢云一杪鐘能行里許蓋新式也其海道淺深沙綫曲直天文經緯皆有圖其礮式或舊或新皆存一分於塾中竝於室中作半船安礮備輪軸機關

使生徒等日習運轉施放之法又必兼習格致測量繪畫
諸藝其宿處列榻各書其名號於左條律極爲精密之至
又武職公所習樂者另有生徒百餘人皆年十餘歲者凡
民間子弟不及挑選之年無力入武備學堂者許其送至
營中給其衣食教習鼓吹是亦育人才而整武備之一法
也晚有俄兵官二員投効華營出見後未便允用

十二日晴

晨起偕從官趁輪舟出芬蘭海灣登哥特林島蓋海口平
洲實全壘之門戶也島中居人約五六百家船廠礮廠軍

械火藥庫皆具備其克鷺什達得礮臺就島勢突出指西
南礮門多向東北俟敵船既入從後擊之其大礮用機軸
旋轉升降下與水平專用之擊輪葉毀機器有五島環峙
其北為犄角之勢其上皆築小礮臺波羅的海中之師船
咸環而停泊焉歸過泥瓦江觀魚雷船鐵甲船及俄主坐
船畢回寓適使館送申滬各報來閱知
朝廷已與墨西哥訂就招工通商各條約中國生齒益繁
山椒水涘耕植殆徧饑於樵漁無所獵食得此為尾閭之
洩他日或生長子孫於其地因而不忘中國或廣積貲財

仍攜回華皆可聽其自便是誠華民一大幸事也申刻復遊布霍弗司克礮廠其管理官導觀鎔鐵傾液並鎚鍊刮磨鏇心諸鑪火機器其一尺三寸口者用鐵至四十餘噸其餘以次遞減其小者有全以銅為之者其式或仿普之克鹿伯或仿法之鎖頭礮皆鋼螺絲後膛中斲細槽者又有造成新式燐簫魚雷等件並告以撞擊之法試撥其機頗稱靈捷據云每造一具須四千盧布合華銀二千八九百兩又引至試礮處用電機演後膛一尺口者二門九寸口者三門全廠須用工役二千名每日工資由一盧布至

八十戈比不等廠距城約十餘里乘小火輪半時即返夜

晤俄之華文塾師云中國之書四子五經以綱常大義為根本其他孔子家語老莊墨列國策國語資治通鑑温公家範朱子全書歷代名臣奏議陔餘叢考五禮通攷諸書皆有關經世之學良由中國開闢最早教化最先孔孟之所言皆有名理非若耶穌之教所言徒多怪誕也

十三日陰

晨起閲俄地圖查凡由俄至中土者有數道一由柏林至法之馬賽附法公司輪船一至意大利之熱瓦德語作斯奴阿附

德公司輪船均須出地中海一由輪車行三日程至黑海口出波斯由蘇彝士河登輪船此皆須繞南洋而行一由輪車過烏拉嶺至車里雅賓陸路行二日程復上輪舟繞北冰洋至阿勒丹河復陸行數日仍乘輪舟至海參崴或徑附輪舟至中國之天津亦可若其運茶之船則由海參崴繞北冰洋入鄂必江等處或繞大西洋入波羅的海此其行程之大較也今其鐵路東行者已至車里雅賓再進千餘里至鄂穆斯克即臨額爾齊斯河河源本出中國阿爾泰山之麓去塔爾巴哈台不過二百餘里更進二千里

至伊爾庫次克暨烏泊斯克則與恰克圖接壤再東則至海參崴其所勘擬鐵路皆緊貼中國北界環繞而東處處可通中國將來商務一切必又多一番應付也其南行者已至痾倫不爾厄將來或東至塔什干達帕米爾或西越鹹海達阿毋河又其鐵路有由裏海繞阿思哈巴特（與波斯接）界經布哈爾（與阿富汗接界）至薩馬爾罕者亦與帕米爾相近矣據云各處鐵路原議八年成功今工程已經大半大約五六年內便可蕆事云午正往觀其挑選新兵前鋒步隊約一千人喀撒克隊約四百餘人又武備學堂生徒年皆十

餘歲者二三百人場中設香案教士十餘人大教師二人服綠袍緣金綫綫滿袖闊如中國之僧袈其主帥來將舉刀兵舉槍鬧以音樂相見皆舉手至額主帥亦答禮列隊整肅教師然燭誦經兵士咸脫帽致敬以手於心前畫十字領隊官執纛置案前大教師以水灑之衆教士分以所盛水向各兵徧灑旋命排陣左右行步旋折整齊乃退

十四日晴

查俄之疆域全國方四千萬有四千米勒法里名合俄里七中里十四縱四千二百唯爾斯特俄里名中國之分寸尺丈皆由十至百八十丈為一里俄尺與英尺

同以八分為寸七尺為丈五百丈為一里每俄里合中里一里七分零合中國里數約得七千二百餘里橫一萬二千六百唯爾斯特合中國里數約二萬一千八百餘里其奇零斜出者不計馬經度起自三十七度至二百有九度止緯度自赤道起北三十六度至七十八度止占地球二十五分之一陸地六分之一其方里則歐洲十萬亞洲三十萬四千北盡北冰洋東盡東海巨浸如玦環西南多陸界在歐洲者與挪威瑞典普魯士奧斯馬加魯梅宜布爾噶為鄰在亞洲者西則突厥（即土耳基）波斯阿富汗（阿富汗以額克斯河為界界南屬阿北屬俄）包希洼布哈爾二國

均已臣屬為附庸東南接中國之喀什噶爾伊犁塔爾巴哈台科布多外蒙古烏梁海札薩克圖汗三音諾顏土謝圖汗車臣呼倫貝爾黑龍江寧古塔琿春伯都訥三姓朝鮮致其故封方九萬一千六百米勒耳遮益芬蘭方六千波蘭方二千三百十二雜喀復喀思方三千二百八十四中亞細亞方六萬悉畢爾方二十四萬八百有四歐洲凡四部西曰波羅的海部西南曰黑海部東南曰裏海部即鹹海西北曰白海部亞洲凡三部西曰喀復喀思部東北曰悉畢爾部南曰中亞細亞部合之得大省七十七小省十九國都

而外名城五不隸於省者二其國自盧立克崛起懦味各六（一作諾甫果保）數傳後迭經篡亂一遷於幾耶甫再遷於務拉的密爾（名曰東京）三遷於莫斯科（名曰中京）至彼德羅四遷森比得堡即今俄京也凡遷皆逼近歐洲步步移向膏腴森彼得擅黃海之利狙伺鄰封鶻毆弱茶此誠難與抗衡然持盈保泰與民休息又未始非立國於不敗之地之一法俄君臣其庶知此乎否是則波羅的海部雖布置嚴密而鐵路尚止一軌車頭亦未多備瑞典普奧實逼處此未肯多讓英法且因而助之芬蘭波蘭其能保不因而生心乎黑海

部則五方雜處天方猶太梟歐西各國之巨商大賈輻輳其間無事則酣嬉有事則浮動又南鄰突厥西鄰魯梅宜奧斯馬加疆埸之事一彼一此其他可汗離宮左賢別業令雖欲訪驢分苫國澤散之存亡而遺聞邈焉業新唐書古大秦居西海上一曰海西國西海即黑海也又曰在苫西北直突厥可薩部西瀕海有遏數城東南接波斯地臣役小國數十以名通者曰澤散曰驢分地勢當在黑海今不可考矣然每當春秋佳日風物清美其遺民憑眺其間得毋有離離禾黍思土慕戀之心沙度繩行而外飛橋渡海長梯百尺在昔為奇今之機艇飈輈抑又勝之稍有疎懈保無伺隙思逞者乎其裏海部地本

青腴然陸地四塞人民五方韃韃里之遺孽今雖良替然蒙回情性易變非綏之以德意柔之以文教未易治也喀復喀斯部本匈奴遺種即唐突厥之可薩部頗長武力亦如我中國之錫伯索倫而部衆頑梗猶未盡洽於海米勒之治化悉畢爾部即鮮卑兒一作西伯里亞地本荒寒人多罪徒經營教養當更俟諸數十年後勿恃使貪使詐之術而漫不經心也俄其尚知此意乎又按俄國錢幣雖用金銀銅三品而紙幣為多每一盧布之票如易現銀圓須補給十戈比戈比之以銅行者每枚三戈比值中國錢三十枚每

英金一磅易九盧布十戈比合中國銀七兩零每法金一磅易七盧布合中國銀近六兩是一盧布須中國庫銀七錢六七分而在俄行用僅值中國銀員一毫之用足徵與西人交涉暗中喫虧不少也

和許竹筼星使見答原韻

去國心懸一寸丹敢云奉幣耀珠盤仔肩分任同舟濟

握手聯吟異地歡雲物浹旬欣共覽雪花深處不知寒

遥知大集添丁卯臨别無由借與觀

北庭頻歲固藩籬輯睦邦交重典司戎狄難先親晉鄭

縱橫術尚薄秦儀輔車欣得同盟協郛壘難容別族滋

豈但一編謀野獲折衝樽俎妙維持

寇警年來蔓似瓜登亭搔首向天涯何人憤擊中流楫

此日虛乘遠使槎極北轉難瞻塞雁指南深賴握靈蛇

蘭成莫作江南賦專閫還期早建牙

附錄贈章

司馬勳名播契丹覲承

帝簡捧珠盤遮迎馬腳尊專使俄遣官迓於境上示加禮笑語龍

庭篤舊歡俄主前以世子至粵君時代辦巡撫事珍物遠將

中禁寵（奉詔致贈儀物）輕裝已卻北溟寒睦鄰自合修時

聘蠻觸何勞穴隙窺（洋報騰論謂君須赴各國商日本事）

山河一線畫藩籬累葉邦交在有司圖籍猶存元

大典（俄國東京地圖載元經世大典圖內）會盟風接漢威儀漸因攀

析增郛壘每為漚菅請水滋難得圭璋賓禮淶輔

車從此賴維持

于役懷歸兩及瓜故人蘭茝隔天涯題襟曾讀吾

妻鏡（君前赴日本記述甚美）負弩欣來博望槎同憶上林騰

去雁尚聞海澨薦長蛟臨觴莫灑新亭淚祈父來

時有爪牙

十五日晴

俄主之堂弟愛立格西郡王年甫二十以癆瘵卒於裏海

本日靈匶運至禮部預先通知各國頭等公使隨各人願

否前來會葬余與各公使偕至一教堂裏助執紼俄主偕

后並臨教堂規制亦甚閎敞惟載俄皇所葬之教堂地勢

稍遜神父衣飾唱唄與中國僧道相似釋迦以明心見性

為本老氏以和光同塵為宗與儒教微有偏向遂涉歧異

耶耶蘇立教當不外敬天克己儉用愛人而已中國之僧

道沿飾老佛務崇金碧以炫愚民耳目蓋不如是不足以驚聾也更詭為吹螺鳴笳符籙章醮假天堂地獄之說以哄誘婦穉金錢乃所謂巫風也並不得曰老佛之旨耶穌生時考其行事不過一醫生耳其守摩西禮拜亦七日來復之義其持十字架以治疾亦周禮以午橫五之義意其立說當與墨子相似至所云天堂地獄當是教王假飾其說以欺哄西人使畏敬而廣為佈施也西人於通商製造一切不能不謂之智勇獨至生死之關未能了悟蓋其於陰陽升降之理造化消息之機神質離合之故茫乎未之

有知此殆務徵實而不求諸精深之過耳然方今材智輩出西人繙譯華書頗多有得他日必漸漸覺悟及此教案其庶日少乎夜俄主遣柏蘭蓀送寶星九枚並執照來留之坐譚餉以酒果始去余為頭等第二合兩枚圓大徑二寸餘上用金鋼鑽寶石密砌為花紋其上為二爵形其餘參隨以次二等遞降大皆徑寸餘質用純金上嵌寶石無金鋼鑽武弁二人亦各賞大銀表一枚晡刻報館主馬可士邀赴晚酌並導觀其印報各種機器其夫人亦出見云夜發一電致駐英參贊宋芸子太史

俄王贈頭等寶星

儀不及物曰不享名稱其實斯懋賞陸離光怪重寶星

義非無取何所仿泰西諸邦取象形維國之寶光奪星

內酬勳庸外贈貽下自臣工上闕廷我

朝寬大邦交聯以大事小能樂天禮尚往來無畛域寶星

或用相周旋圖開王會當佩帶珍賞不亞金魚袋禮從

所好制因時儀重先施亦無外適充專使歌卿雲微臣

奉

命通殷勤竟荷持贈表優異金鋼鑽石鑲成文此意何期

達君聽受之有名佩亦應復奉旨光采先增與國
歡珍奇亦屬邦君贈事維其創非尋常勿徒咋舌嘆荒
唐那識此物異邦重不佩亦應什襲藏萬國和會相通
商此後奉使成舊章

十六日晴

晨起仍與各國公使赴昨教堂送俄主堂弟愛立格西郡
王之葬主教宣唄科儀畧與昨日同惟為時較昨日加久
約逾時鐘兩鳴畢俄后不至俄主及各王皆至臨葬下窆
皆各親身出力不用外人俄主之幼妹年可十一二齡並

來浠涖送葬事竣始退飯後拜晤舊外部基斯敬並東方總辦格畢尼斯並懇代謝賜給寶星之意夜柏百福邀赴其家茶會情文交至意殊可感（柏君能通各國語言文字居京師二十餘年故於華事尤甚悉云）

十七日晴

飯後拜晤新任外部魯八諾甫欽遵電旨復申前請約俟覲俄主再行申覆云云俄自大彼得重用英荷兩國之人迄今德奥各邦人多為俄國貴官如吉爾斯英人也德連騰羅卜顛爾甫其先皆普人也俄之

世族及有才智之士往往屈抑難泯怨咨頃聞俄員某來譚云有法人遊歷偏東西地球所著書惟頌美中朝綱常文教極為明備不盡效西人之機巧所以培養根本者甚厚文武諸臣皆選之本國不借才異地其言雖正實則有激而云然也吳用子胥而覆楚國魯用端木而治信陽何常之有中國於製造局廠駕駛船艘亦參用西人國亦立賢無方之意日本近日一切皆係本國人經理宜其夜郎自大竊謂俄羅斯一國商務之大水師之盛不如英地產之富工藝之良不如法陸師之鍊學問之精不如德然則俄當為諸國

所弱矣而諸國非但不蔑視之且嚴憚之者俄之地居極北橫亘三洲廣博無垠以一面制三面居高臨下有長駕遠馭之勢且曠土既夥以其地產畜其人民而有餘是得地利秋冬結冰入夏始解雖有勁兵難禦嚴寒拿破崙第一墨斯科之役是其殷鑒是得天時俄之君主權重非有各國上下議院牽制又開國稍遲臣工風氣尚留純樸之意是得人和且其政俗與歐西彷彿數十百年後一切商務製造水陸羣艦安知不可追蹤各國是以各國皆望而惎之論者謂俄不有事於地球則已俄如有事地球東則

中國西則德與突厥中則五印度當其衝要以今觀俄君臣之蓄意窺印度者尤亟次則中國特目下方躊躇審顧未敢輕動意在撫綏其民人輯和其部族墾闢其荒地聯絡其邦交沈幾觀變隱而不發固有虎豹在山之威然後以其全力生聚教訓馴至地益廣人益衆乃始相機而動縱橫四出誰能阻之者蓋積愈厚則基愈固蓄愈久則勢愈雄今日者俄尚息事安民實俄之利亦中國之福也然則中西各國將如之何亦盡其自治自強之道而已今日者俄雖極北荒寒悉罕爾生齒尚稀其執政文武盡皆世

族不免壓抑材智德與奸商復壟斷其財利是猶俄之未盡臻美善也然此乃冀幸他人而不可坐恃也中國鐵路商務製造諸政宜如何亟亟哉昨晤俄王爵都魯伯亦云然蓋意在勸中國力求自强也夜發一電上李中堂

十八日陰

歐西各國教民之法莫盛於今日凡男女八歲以上不入學堂者罪其父母男固各學其學女亦無所不學即聾瞽跛啞者流亦各有學院設塾師擇其所可為者以教之其貧窮無力及幼孤無父母者皆令收付義塾在鄉則有鄉

塾至於一郡一邑及國都之內學塾林立有大有中有小自初學以至成材及能研究精深者莫不有一定程限文則仕學院武則武學院農則農政院工則工藝院商則通商院非僅為士有學即通國之人凡執一業者亦無不各有所學英文二十六字母法文二十五字母俄文三十六字母其所云埃培愛而愛夫諸音大同小異淺之能拚合字母即能曉文義數月可以成功是以國中無不識字通文者深之則專門名家其書多曲折賅備平時一意講求所見所聞不啻念茲在茲釋茲在茲是以習之而無不成

為之而無不精也近數十年學校以德為尤著其兵多出學校所以戰勝攻取而諸大國亦爭先競爽推之於士農工商何獨不然推究大局興衰觀其所以致此之由而知勃興之本原不在彼而在此也下午率參隨等赴俄翰林亞咧克桑德爾諾甫斯基茶會之約即俄主前遣來畫像者其夫人子女輩竝出見子纔數齡女年十六貌殊婉秀家務皆其主管酬應極為周摯茶後亞君復命鼓琴娛賓繼而女賓二人及其父女相繼跳舞為樂蓋西俗所以為是者既可以堅强筋骨使之脈息流行亦藉以宣暢和樂

俾不致湮鬱致疾惟知和而和不以禮節之是則失之稍偏耳

俄京竹枝詞

舊都懶說墨斯科比得城中安樂窩遠向和林過沙漠不愁黑海有風波

冰天雪地共誰偕結伴行經大海街羣挈馬單廊下出大毛風領小皮鞋

每思選勝到芬蘭當作華清出浴觀易地皆然偏就近天魔易得美人難俄都亦有男女浴堂

鄉景曾覩跳舞場大家拍手笑聲狂曲終有酒須同醉

魚子鵝肝信口嘗

宮牆高峻近民居憂樂同民景象舒入目晶瑩無隔閡

方珪圓壁聚瓊琚（宮在大海街其象方毘連博物院）

架懸十字貢心香禮拜傳經有教堂石柱不妨鑲孔翠

寶光還更耀金鋼

涅瓦江邊任跑車園分冬夏地幽邃微行往往逢君后

試劍誰驚白帝蛇（俄主為世子時曾將遊歷東方所購各物創設東方博物院任人觀覽集貲散給窮民兼之近來亂黨安靜故不復有意外之虞）

駢羅百貨爍生光皮幣金砂擅富强只有金龍舊茶店

獨留字號認華商

十九日陰

歐西各國經理學堂商政監獄街道無不法良意美即耶穌當日立教本旨想亦不過畏天克己利人濟物如佛氏云云而已其所謂七日復生造天造地造人物之説乃教師假神其説以哄誘愚民金錢若中國僧道之類所謂巫現妖風不足辯也其所設議院固亦刑賞與共而無上下壅閼之虞然流弊所滋乃有椎魁巨憝要結蓄謀迫令其

君使去位若近日巴西智利之事數十年前此等尤多此其君臣之義未知講求者也子女年滿二十即謂宜有自主之權可婚嫁不請命於父母子既娶婦與父母別居異財甚或不相聞問其稍知親愛者夫婦於禮拜日食翁姑一餐即去雖較之勃谿賊恩者似覺反勝然以骨肉至親而推遠之若塗人宗彝傳食羔羊跪乳是曾禽獸之不若國家定律庶民不得相毆子毆父坐獄三月父毆子亦坐獄三月抑何政令之外盭乃爾也此殆墨氏愛無差等一說誤之耳西俗貴女賤男道遇婦女必讓其先行宴會諸

禮皆女先於男婦有外遇雖公侯夫人或棄本夫而再醮夫有外遇其妻可鳴官究治正與中國扶陽抑陰之義相反女子可袒肩露臂或竟徒跣男子除面與兩手外必掩藏甚密女子未嫁每多男友生子不以為嫌國中鬬毆於免之流幾於四分居一所以女多終身不嫁免受拘束也此夫婦之倫宜急正者也各國政教一切亦大有可觀獨此俗相緣於三綱大義未免失之偏駮近亦知推中國為教化最先之邦似已省悟及此特驟難更革故因仍之邇來四子五經之書西人多繙譯之者吾道西行其庶幾不

遠矣午刻至書局購中俄地界圖一紙和林碑搨一套隨赴使館辭行即歸查俄之悉畢爾或稱錫伯利西伯利蓋以伯力一地概其全土也其偁細密理悉比釐西卑里亞悉畢釐阿者音皆近俄今細審之並考之後漢書云鮮卑者東胡之支光武初匈奴強盛常寇掠北邊及南單于附漢北虜孤弱永元中大將軍竇憲遣右校尉耿夔擊破匈奴北單于逃走鮮卑因此轉徙據有其地其匈奴餘種留者向有十餘萬部落皆號鮮卑是悉畢爾者又實鮮卑兒三字之音轉也其通中國可不謂久矣哉

二十日雪

畢閣赴外部辭行晤魯八諾甫敘話良久及東方總辦格畢尼斯歸館下午魯八諾甫答拜所覆日前所請一節俄主極為關切刻已據實電奏復遣人至禮部并各頭等公使處辭行格畢尼斯等均來送行綜觀地球五大洲日本之地震英倫之霧俄之雪皆所謂得地氣之偏者也故其人性情亦各異俄人多沈鷙英人多豪宕日本多淫蕩無恥蓋緣土失安貞之性故耳中土溫涼寒熱四氣皆備宜各族皆欲入而居之然亦思神臯沃壤堯舜禹益之所奠

定周公兼夷狄驅猛獸孔子正亂賊之名數千年神明之
冑乃得以綿延祚冑而不至失墜犬馬非其土性不畜橘
不渡江鴝不踰濟其尚知保世滋大仍自封其區域可也
奈何螳臂當車妄思窺我藩籬耶睹刻俄皇遣官弁送來
國禮計水晶瓶銀菓盤金燭臺各一對大鐘一座共裝成
五箱又
國書一道敬謹祇領驗視是日午正發各電兩致總理衙
門一致李中堂一致招商局鄭陶齋觀察一致倫敦龔仰
使一致柏林許竹使

光祿寺卿廓爾察諾甫斯基以其夫人所繪手册

屬題口占二絶

比得城中舊世家閨中良配勝於花有時含笑詢光祿

為底今朝早散衙

生成翰墨有前因金屋深藏自在身了卻工夫眉早畫

寫來花鳥亦精神

二十二日陰午刻微見日色夜大雪

未初柏百福魯達諾甫斯基邀同參隨人員往觀賽馬會

俄主是日亦涖焉廣場可容千餘人四周為客座中為方

池長約四十丈闊可十二丈中置木牆五六堵高三尺餘乘馬者初繞池盤旋一周既而控縱之餘連躍而過馬皆碩大驃壯如履平地繼之者計十六騎次駕車者十乘極飛御之能次馬二十騎或躍下馬復飛身而上或橫卧馬上或兩騎並出一人分跨之復飛馳而過亦巨觀也歐西各國鴉片煙禁極嚴無論吸煙者並無其人煙膏固無從購買即煙土號稱洋藥亦須醫官給照方許買取些微國中人民亦各能自愛既無吸食者亦自無所謂偷漏此可徵政教之善矣

二十二日晴

午刻使館參隨各員竝來送行夜六點鐘至俄皇御火車棧少坐俄皇復遣彼得堡提督花耳御用處文案官廓爾察諾甫斯基及俄皇遣來行館陪官柏百福至火車棧余婉辭之回各官竝依依不忍舍去魯君仍送至德界始返火車即前來所乘者

國家與泰西列邦講信修睦啟關互市信使交於境上固車書混一之徵共球式九之漸也使臣跋涉六萬餘里小駐俄京蟾圓又屆凡其勝地頗恣游觀其境內山川險要

政治帑藏兵力物產戶口風俗悉用諮度暇與其賢士大夫往還傾吐肝鬲固由北方之人質性簡厚畜緣我朝威德所被感仰同深故使臣於此亦與有榮施祇以戀闕情殷不能久作寓公然臨別不能無少惓惓之意也

出俄都口占以示同人

珠盤奉使賦駪征浹月句留比得城海外雪泥應有印
道旁風景不勝情新亭近灑神州淚絕域初回使事成
已是歸途相慰藉（昨得總署報有會商外部事件）何從報稱答昇平

使俄草卷五

臣王之春恭紀

光緒二十一年二月二十三日早晴午微雪

晨起見車左右積雪漸消草茁金鈎松森玉麈覺洩漏春光不止柳色含襟已也雨雪征人不禁物候驚心之感辰正至呂塭蘭早餐申正至歲爾日波羅灣晚餐復登車行一里許酉正過河即德俄交界處過此即德境哀的滾倫地方例須換車而行魯君為代購車票照料一切乃辭去握手殷殷倉皇惜別車行里許猶遙見其植立招手目送

久之意良可感夜色微茫飈輪迅駛無可瀏覽惟覺鐵度
漸南積雪愈薄時見山坳深處僅餘殘白而已按火車之
制肇始於泰西哲迷斯哇特其行速每一刻可二十餘里
盡其火力則又倍之通國家之有無濟生人之日用有適
於輪艘者矣俄國鐵路經始其主汎可剌第一先由腹地
通衢漸推至邊疆京邑迄今五十餘年其歐洲境内錯縱
參互已如鼉鼊牽網六通四闢而尚稍疏於亞細亞其自
裏海而南者已由薩馬兒罕進至塔什干悉畢爾路已度
烏拉嶺至裒冕又欲於海參崴創闢以達海蘭泊由託木

司克過伊爾古慈克繞拜噶爾湖至施特烈勤斯克就黑龍江火輪船又欲從拜噶爾湖北向東至雅克薩城因其便利歲有增益軌覓於各國約三寸往來者必於界上易車車方箱如室枕茵華麗坐臥寬舒國多林莽火用薪蒸載人者為快車名庫力頁爾斯克載貨者為慢車名頗赤託威其經行俄地之路則四十二里至嘎敕訥八十七里至盧噶百二十八里至布思果甫四十九里至倭斯特勒弗百十一里至列日擦八十里至的筝布爾克百六十一里至維里納九十七里至潤勿諾八十一里威爾日波羅

倭（與普交界）

二十四日早雨午晴

七點鐘抵柏林路旁草鷂漸貢新綠流鶯輭語鮮媚妍韶蓋森得堡緯度六十度而柏林五十二度地近赤道八度也許竹使遣參贊繙譯等至車棧代為照料一切仍住前月舊客棧該棧備午餐邀同參隨各員異域重逢主賓歡洽論歐西各國事務甚詳德意志本名普魯士（一作普魯社一作布魯西亞）日耳曼合眾國之一其地古為北狄人所據南宋時日耳曼人征服之立為別部後為波蘭所併明萬厤間日

耳曼之巴郎德丕爾厄部復其地立國職貢忠勤日主悅之屢益以地康熙三十九年乃自主為國其王長於韜畧節省衣食帑藏豐盈子菲哩特第二雄武有大畧屢勝強敵擴地益廣傳至威廉第三時法之拿破侖第一強盛以兵殘破普國法主與俄主會謀普王立侍門外俄主亦為緩頰會法宮荼會普后朝見法后以無立錐之地自懇乃封之小郡而限以兵制普王歸誓於先王之墓曰此仇必報乃募兵如額二年而以賫遣之仍與之約有事則召募齊來既而復如之法俄之戰俄主許以敗法當盡復侵地

普遂盡力前驅以一小郡出兵至八九萬人拿破侖第一敗普境全復及威廉第一嗣位任用俾司馬為相毛奇為將伐奥伐丹伐法敗之去奥國共主之名而使日耳曼列國共推普為共主因改號德意志其疆域東西約二千一百里南北約一千一百里又二十五年前所割法之兩省縱橫約三百餘里又減漢挪威各國約地四五百里然尚不足三千里之數其境土向分八部東部曰巴郎的不爾厄境內阿得河縱橫交流地多沮洳都城曰柏林（一作百爾靈）周三十六里居民四五十萬人各學院皆備鐵工極精細

若金銀所造磁器堅緻可敵華產曰墨鄰坡近波羅的海出琥珀木料亦產五穀近多鐵鑛曰薩尼索尼亞產五穀羊毛曰普魯士出五穀煤鐵曰波森出五穀西部曰維士德發里亞多林木居民善漂麻織布曰勒那納境內有萊尼河又分兩部曰上萊尼會城曰廓倫一作可倫一作哥羅尼亞一火車經行之道也在萊尼河濱居民六七萬善造鐵器綢緞布匹所製香水尤佳曰下萊尼出蒲萄酒所屬地曰谷鄰曰亞金曰耳曼列國曰巴威也拉曰瓦爾敦巴耳曰撒遜一作薩克索尼亞曰漢挪威今已屬德曰巴敦曰挨塞曰黒西加塞爾曰

墨林堡一作梅嚕棱不爾厄曰威塞薛記作李梅令已屬德境曰撒可堡曰薩克

撒亞爾敦不爾厄曰撒買凝曰墨堡曰拿掃曰安拿爾曰

留斯曰斯瓜爾斯不爾分兩部曰盧德耳斯達曰來德耳砂森並在普境內令為德根收其

權利已內屬矣曰里阜曰瓦得曰秦林曰光石此外若漢堡若北

闌若佛郎渡昔日會盟皆在此若利北不隸王侯亦商賈萃集之

區令全屬德矣日耳曼境內江河最長者為來因河由南

而北轉西至荷國入海其次多惱河在日境內橫流如帶

北曰易北河亦大水也萊尼河止行德境日耳曼為歐洲

適中地似中國之嵩雖其人聰明淵達西土以為貴種與

與普雖迭為共主而小侯數十傳爵於子孫諸大國無能吞噬則猶有古意存焉又英法立國之祖皆日人諸國每遭喪亂輒招致日國列侯為王殆西土王氣之所鍾與是日有德兵官三員投效來華均未收録

二十五日晴

晨起率參隨等由德京乘馬車往觀伏爾鏗船廠約行四十分鐘抵斯塯汀火車棧換火車行並兩處小停約兩點半鐘抵斯塯汀已在波羅的海濱德巨鎮也繁麗不及馬賽而延袤整肅同之廠主已在此延俟即就車棧畧用茶

點又乘馬車行刻許抵廠廠中機器各式分别或鑿孔或銼光或琢磨或切斷種種俱備徑尺之鐵以一人運鍾連擊之即可薄至寸許聲如霆震又有造鍋鑪房大小不一凡戰船所用者更堅其鍋周圍鑿孔用銅帽釘補之又銅鑄輪頁皆用人力搽磨務使光瑩又造銅喇叭所乃船上所用以收風入艙者火車頭二乘並機輪皆備木料所則專造門窗櫥櫃之類中國定造魚雷二艘已將竣工穹甲厚止半寸蓋欲取其輕而行速也船身約長十五六丈前後各置魚雷前為水師艙次為船主艙再次則機器艙幾

佔船身三分之一艙後則用儲子藥等件艙面為凸月形

蓋取敵礮落此即圓滾入水也又中國定造穹甲船一艘

長二十六丈刻下欠工尚多故未登覽既入其畫圖房專

繪各種船式出示電氣所照各式船隻並各式機器無不

纖毫畢見閱竟邀赴車棧大餐即隨火車送至柏林始返

至棧已上鐙矣夜十點鐘許竹使來辭行赴俄十一點鐘

偕從官送上火車

閱伏爾鏗船廠

十萬艨艟走貳師飈輪橫絕海天陲爐鞲精妙誇神祕

鐵甲堅覉任指麾流馬待籌諸葛智飛鳶還讓魯輪奇

鉤心門角知難己滿地烟塵異昔時

二十六日陰雨

飯後乘馬車往觀刷士考撫所創設魚雷廠凡數十楹分製各種機器製就魚雷大小數十具按魚雷形製若魚尾中藏電氣內安機軸首置藥彈背上更為空氣筩凡放魚雷用電氣壓空氣之力使輪機轉捩激突而出取象伏陰之火故能於水中發電又恐力有不及之處更增藥彈以益其猛炸之力宜乎輪舟甚畏有此也廠主為一一指示

甚詳並云歐西製造魚雷電氣各廠不下二千家而燽篇祕法為刷君所獨得蓋鎔化銅之精液使之凝結而其渣滓更加鎚擊即能得燽此法本中土製造青銅鐔鈸之意而加以變通便能盡妙盡神復導觀其演放之法約一秒鐘云已可行一里許其速率之準頭蓋已應驗不爽者其他製電製燈各廠無一不指示周詳繼入其畫圖處出示所畫擬代辦中國澎湖基隆淡水安設各水雷圖十數幅首為船式髣髴長江之嚬船蓋用以安放水雷次雷形次各色機器次臺澎各圖並極精細其電鐙由一馬力以至

數百數千皆可定造亦可用煤油代電上懸之鐙或三或五或紅或白或上綠下紅或上藍下黃隨人意為設施其下置圖鏡於小鐙之上備列各色鐙樣號碼若令用自鳴鐘面之式亦安銅針隨手轉捩則其上即現各色鐙光但各製暗碼或遠見敵軍多少即可按數以報亦巧製也前月在馬賽已見電氣車其上為一鐵綫沿途增引電氣不用機輪車自行駛但尚未能遠行耳竊意火車頭過於笨重且須沿途添煤車頭既重則所過之橋梁所經之道里皆須築造十分堅實未免費事而管機器管車又須多人

煤氣火星亦多飛舞四散若用電車則一人亦可坐行較便易多矣又法京近從地中築一空道若輕細之信件已能用電氣傳送不須更用號碼西人電學日精一日將來用法尚多層出不窮真有意想所不能到者中國諸務廢弛火輪車路尚未築造而西人已改絃更張幾於不可知之之謂神然則講求一切其尚可稍緩乎若慮妨民則西土每廠就至少者計算約須工匠千餘廠凡萬餘便可安置二千萬人若慮折閱則西人謀利心計最精無利固不肯行又各國皆有上下議院苟其事利於君而不利於民

或利於民而不利於君皆行不動令西國鐵車之路密於蠶絲製造之局比若雉堞此可知其必有利而無弊矣正不必更瑣瑣計較也夜克魯伯廠主邀同參贊暨使館各員大餐德之柏林提督及外部尚書工部尚書皆會極肴果之盛酒凡十餘色其紅酒有陳至五六十年者

二十七日陰微雨

七點鐘由蒂理特里許斯脫拉賽斯脫拉賽譯言街也乘火車行五分鐘過德京禽獸院又行十分鐘至斯邦道城德國國家製造槍礮廠也煙囱林立有顛橋梔過此即易北河長橋

復行點半鐘至深好森鎮俾恩馬克（一作畢司馬）住宅伊邇金楷禮云距今九日即西厤四月初一日為八十壽辰德民爭醵金錢為鑄銅像建立紀功坊其七十壽辰時畢相之父舊有田業值一百五十萬佛郎合中國銀五十萬兩因賭敗悉行賣去德民以其有功於國而仍貧也為集貲盡贖回故業令復有此亦可見民情之愛戴矣又云法國地方亦鑄有畢相像蓋不忘仇敵欲以鼓勵其民也前十數年法遣二人入德境測繪地圖為德人所獲再三研詰主使終不承應乃判監禁終身前數年因法京新更總統索

此二人德乘此機會故回現在仇雠殺昔已減去一半此
足見外洋之善於聯絡邦交也又行一點鐘至湯力特爾
改乘馬車行三分鐘至其演礮廠演試臺礮車礮各式並
指示速率準頭約一時餘復乘火車過勒爾德行半點鐘
至嫣德堡亦名女人城巨鎮也是地產女最多德人凡欲
娶婦者多至是處娶歸西例各城皆建一物即以名其城
此城初建時鑄一婦人立其上故令多產女云乘馬車行
半點鐘至孫松廠是廠本德人孫松所創立其人妙有巧
思思得一種機器造礮中為螺絲使其盤桓曲折俾所成

之礮其藥彈在膛中必經回旋摩盪而出故其漲力愈大為別廠所未有今並售歸克魯伯廠主一人管理中國現購礮百四十尊由此兩廠分造其總辦特導觀各廠並中國臺礮之穹甲厚逾二尺共八片合成大過敵許其餘鎔鐵造模切片鑿孔磨光繪圖各有專主不相聞問繼復出示各種礮台式樣某處當用三合土某處當用穹甲某處當置大礮某處當置小礮其大者防鐵甲之衝突其小者防舢板之繞越其餘兵房彈房藥房布置井然莫不各有程式宜乎各處爭先定購也查克魯伯初本一鐵工耳思

得鍊鋼鑄礮之法與同時工作六人創興此廠是為克魯伯第一其子為克魯伯第二工人已多至三萬前七八年病卒令廠主為克魯伯第三年近四旬計各項工人及其室家仰食之者共六七萬人廠主富可敵國歐洲推為巨擘馬閣竟即留此大餐夜復乘火車行其所經過者曰漢挪威鎮日耳曼三十六國中之一故國也曰明度曰噉栂各有小廠並因夜黑不及往觀

過德相畢司馬宅譯皁斯麥即畢司馬

普法戍盟迹已陳琦瓏共事政維新畢佐德卅年合衆連橫一治一亂拔

去奥國外兼并三十九國始成偏安與毛琦達瓏贊成厥功甚偉淮陰自是無雙士秦誓先尊一个臣豈但如名從海內還應越境訪斯人過門不入空洞溯想見英雄露角巾

二十八日雨

卯正一刻抵陶脱明換慢車約兩點餘鐘抵愛森廠主之樹林及住宅在焉松柏茂密約長里許廠中木料皆取於此地近来因河其南有温水流入天氣和煦勝於他處愛森一鎮煤鑛甚多有四鑛屬克魯伯廠日可出四千噸是數該廠之用此外屬他公司者亦不少德國定制無論何

礦所出煤鐵每百抽十以供國用廠主住宅周圍數里閎敞可比王宮鎮前後皆工人所居亦廠主房產四山環拱靄若佳城晗唔小河從右旁折入境亦殊佳勝廠主事冗尚在柏林其馬單偕二小女出見馬單譯言太太也飯後乘馬車遊其花園並用玻璃為室罩避霜雪下用鐵筩以溫水灌入俾免凍壞蒲萄纍纍正結實如懸珠復至其抛球房是日適值禮拜羣相抛球為樂亦中土投壺之類也金楷禮來言德自威廉第一始以普魯斯國王為日耳曼列邦共主改稱德意志皇帝德意志乃一種人名今歐西列邦之主多其種族其先固卅

九邦之一也然普早為最大之國地方已二千餘里其幅幀不過亞於奧斯馬加而國勢常足抗衡嘉慶十一年法王拿破崙第一以兵滅普盡取其地盟日耳曼諸邦於來因河上又約會俄主亞勒桑德第一分稱南北二帝而普國幾亡迨俄率諸國伐法拿破崙敗而普之舊疆始復王卒而威廉第四即位又卒而前王威廉第一即位數十年勤修國政日益强盛畢司馬克優於謀畧以出使隨員周知四國之情形莫無不中騠騠嚮用擢至首相兼外部尚書伐丹馬敗之割其膏腴之地伐奧復敗之去其共主之

名俾日耳曼列邦盡藏普爲共主於是時沈幾觀變知英
俄之必不助法也以毛奇曾變姓名至法精其輿圖使治
兵爲大將軍逢瓏長於訓練用掌兵部富列打力查魯士
郡王智勇善戰用統大軍深入法境而拿破崙第三被擒
法人割地輸幣求和普之威名大震或謂普主無甚本領
不過賴此數人不知君人者不必自雄其才智惟知人善
任乃所以爲絶大本領也畢司馬治術頗近管商之法令
其國分爲四黨一黨爲孛梅各舊王及世家一黨爲克魯
伯諸巨商一黨爲天主教民一黨爲諸工匠畢相秉政頗

裁抑教民盡收其產業御工藝諸人嚴定條例告退不及十年諸務漸難推行其稱壽釀像也教工兩黨大有違言則教化之不純而難以持久也以余靜觀今日德國之勢其法人所償巨款至今尚未動用五日內可出兵三百萬盡至邊境不可不謂富强然俗尚豪奢而民多貧瘠畢司馬舊業值十餘萬金蹶法之役德王酬以樹林約值二百萬金云尚不敷日用蓋習術優而清儉之德少絀也夜克虜伯之夫人招同各官紳仕女大餐列坐四十餘人極酒炙之盛遠名音樂全部席散羣相跳舞爲樂繼復男女對

舞行列整飭殊有法度亦可覘西人禮樂之大意也

閱克魯伯礮廠

機械叢生天地窄不重衣裳尚兵革精刻豈復餘地留奇巧更創克魯伯克魯伯伊何人範金冶鐵無比倫霹靂車改後堂式無堅不破神乎神父子繼業舊廠存其祖（小鐵房尚在示不忘也）超心治鍊專其門分廠合并谷魯生輸攻墨守翻乾坤天發殺機祕陰符日月祕虧相吐吞吾聞其語未見之適來考證方稱奇五花八門走雷霆發皆洞的神鬼悲地無堅城人奪氣吾家武庫或遜茲我知

造物有深意一亂還應生一治五洲大和同六合敦信

義武備雖修盛文物公法既行渾才智縱有鐵甲鐵礮

亦奚爲全球雖大履如夷聲教所漸化同軌豈徒富强

立其基擴充此意在善變製器尚象利乘便君不見漢

陽巨廠屬中原爐炭陰陽妙鍛鍊通工相濟無相妨肯

使歐西利權擅

二十九日晴

飯後乘馬車至愛森一名煙囱以其地多各廠煙囱如林

故名之也廠凡數十百子所其鍊鋼造模各有分地其三

十四生的之礮長二丈圍一抱者數尊乃德國所定製中國定製之礮為二十四生的十八生的及八生的諸色大小不一其試鋼把厚逾一尺者亦能洞穿近日改滲以白礬所化汞質之白泥厚徑六寸而已礮不能穿過近日鐵甲皆係用此竊謂西人近日講求武備為攻為守不遺餘力此為攻堅之具則彼求為抵禦之法迨彼求得抵禦之法而此復别求所以攻破之用總不肯畫地自止蓋西人立國相近此之不講則禍亂必且相乘故不得不為是亟亟及至臺堅礮利攻戰守之具各造其極而各國皆有所

憚而不敢輕於發難此殆為無形之攻戰守而務求保其
太平之局者也中國尚憒憒焉而未之及覺然則安得不
為日本所乘乎又其鑄鋼廠甚大厚五六尺之方鋼條火
中取出重用鐵機壓之兩邊工匠面罩鐵網脚穿木鞋手
持鐵帚以水刷之迴轉數十次即薄矣然後移入大鐵鎚
下打之使已堅實其造鐵路鋼條法亦大同小異計每三
十分鐘可出鋼六噸云酉正乘火車開行夜過荷蘭北境
子正即上海輪幸風息船平得安寢一時許連日途中所
見風磨為方室高二丈大丈餘中置椎輪其上為輪頁四

幅斜坳類魚翅若輪船尾之舵形而稍長大用以收風乘風力使磨旋轉既不煩人力而亦可省煤火中國惟打箭爐一帶有此此正可仿而行之也荷蘭除南洋各埠外其本國壤地狹小縱約六百五十里橫不過三百五十里地勢平衍有水無山海潮衝齧時多而民善隄防土脈最腴又善於操舟行遠土產燕麥（中國稱油麥）又出胡麻（形似壁虱紫黑色可以為油山西省北有之非脂麻也）西北出大麥又善造酒所織羽毛緞最精覈稅餉由紳民主政王不得專蓋君民共主之國也地分十一小部昨擬上張香帥一電是日發行

三月壬申朔晴

黎明已入海峽風静船平英東南境也卯正抵岸赴海關驗照免税單即乘火車開行約兩點餘鐘始抵倫敦一路隴麥臟綠澗草縈青頗似中國仲春之初較柏林尤為和煦近海草茂居民多圈地牧豕以千萬計倫敦居泰晤士江上流在京師西偏一百十里赤道北五十三度視京師遠十三度地本多寒為海中温水所蒸氣溢騰上又數百萬家然煤之煙絡繹不散故終朝常為霧罩是日幸值晴朗意興為之欣然抵車棧參贊宋育仁芸子馬格理清臣

曾廣銓敬詒等衣冠來迓接見之餘因偕至拿威摩客棧倫敦第一大客寓也少用茶點旋至使館拜晤各員間龔仰使夜七點鐘可到遣人至多爾克福特廠約觀所造魚雷艇午正同楊虞裳徐蕘塏金楷禮乘馬車至廠廠主接見殷勤出示所照各圖然後導觀各種機器各廠魚雷昔時鍋鑪用單者水管甚大故水熱甚遲近用雙鑪兩旁然火中左右各為小管以數百計管形曲如乙字水乘熱上升復滴入池旁用小管滲入涼水免其受煎而乾縮故用煤少而熱速十分鐘便可行駛蓋遇敵或猝至而湯不及

熱必難制勝自改用此法可以無虞而其外復用不灰木為夾牆包裹使火氣不至外洩而力益大蓋不徒煤省而船之浮力亦大且能持久也不灰木出意大利一帶火山中復有用鎂者與不灰木同功而尤堅實其製各銅質皆以酸水淬之使柔如紙與中土擦磨銅器使光潔必須用醋同一化學工夫也繼復導觀其補修魚雷一艇並云他廠用空氣壓力英廠皆用火藥力較猛烈詢其工人多少云常用五六百人包有工作可多至二千人因約備圖冊並開列價值單目送至廬所復乘馬車遊廛市一周過英

主維多利亞宮詢英主云現居溫則行宮離此可數十里英人之富者例止五六七三個月居倫敦餘多鄉居以倫敦惟此三月最為晴朗餘則霧雨不時煤煙晝黯故出而避之也復過大花園周圍約十餘里四旁置鐵柵中為廣道縱橫以數十計道旁皆置橫椅以便遊人憩息細草鋪茵喬柯聳障每逢盛夏弁釵笠集耳鬢相磨英主亦不時戾止英主之夫博雅那（本日耳曼撒可堡侯世子）亦塑像其中高逾六丈金碧輝煌其在英時不理政事現值春和遊人尚稀然男紅女碧時掩映於花陰樹影之間大有君民同樂之意

歐西政俗其所以制勝者君與民得時相見上下無復壅蔽之虞故國債易舉公司易集紙幣可以行用而民甚貴之善乎管子之言曰量民力則無不成不強民以其所惡則詐偽不生不欺其民則下親其上西人惟能知此故一切大工作大苑囿無不立刻可以成功淮南子主術訓曰眾智所為則無不成也千人之羣無絕梁萬人之聚無廢功蓋深得此道也惜中土未之能行耳又過博物院復至通衢見所塑英舊主及其戰勝各國諸將師石像街市喧闐行人如織車如流水馬若游龍大有五陵烟霧勝概倫

數户口合計五百萬人談地球者推為五大洲第一埠洵
不虛也夜仰遼星使自巴黎回過庽滿已三下談一時許
始去得洋報電信本傳相為日人擊傷甚為駭異螳臂當
車陰為盜行又何解於從前狙擊俄儲之説耶按英吉利
本國地止三島孤懸大西洋海中迤東兩島相連南曰英
蘭北曰蘇格蘭英人倆地曰蘭南北約二千餘里東西濶五六百
里狹處三四百里迤西一島曰烏爾蘭南北約七八百里
東西約五六百里南境與法蘭西比利時荷蘭諸國皆相
近舟行半日可達距法尤近狹處六七十里由加利至多

甫晴明可以相望古為塞爾達土番部落後為北狄義特族所據漢五鳳三年羅馬大將愷撒略定之屬意大利者數百年至今猶有城闕遺迹六朝時羅馬衰亂義特族卑勒敦人據英倫後為蘇格蘭之斯各多比德思兩部所攻求援於安各羅安各羅亦義特種寄居撒遜比利時界兵素強而偪仄無立國地既為所邀乃大喜悉衆渡海破走兩部因脅降之陳後主元年據英倫立國後分為七部如列國小侯時相攻伐有厄伯德者娶法王女其國漸強唐貞元十六年滅六部歸於一時丹馬人方刼掠海上突以

兵船入英倫英厚賂緩之尋以計焚其船王子有亞爾烈者幼赴羅馬與文士游方嗣位丹馬以大衆來攻王乃僞爲樂工抱琴造敵營請奏技侑酒得觀虛實決戰勝之時法陷北地王枕戈寢甲五十餘戰而後平定國以大振英以奉洋教興嗣王娶后教師禁不令同室王不聽教師刼后以鐵烙毀其容尋斃王喋不能仇由是不振丹馬復來侵許歲賂銀一萬七千觔後增至二萬四千觔宋真宗十九年丹馬大舉來伐遂滅英其王曰鶚奴特粗有治理英人安之其子嗣立苛斂好兵英北族有酋曰威廉請於羅

馬教王封以英土丹馬王與戰被殺威廉遂王英北族淩
英民英民反側王怒驅英民十萬衆於林中皆饑凍死以
其田宅賜北族既而悔恨死王顯理第一顯理第二繼立
時教師參預國事王用人輒被阻撓羣臣怒殺之王爲守
齋拜墓乃已弟約翰立因侮教師教王怒廢英人婚葬禁
飲酒食肉薙須民皆怨王王乃納貢教王由是權遂下移
王憤欲諸誅紳諸紳議招法世子爲王會王卒華義都弟
三與法構兵連年其子嗣立權復下移英有别部酋忽起
兵奪其位明建文四年顯理第四乃募兵恢復顯理第五

伐法勝之顯理第六年幼王宗分二派曰白玫瑰派曰紅
玫瑰派因訌分之第宅植此兩種故名爭欲據位大亂者數十年成化年
間顯理第七削平內亂號為賢王顯理第八性强傲娶西
班牙王女為后因助之伐法后無子出之再娶少艾已而
失寵殺之再娶又殺之委權於佞臣四國皆僞為無道時
日耳曼人路得者著書譯解西教人多信之王不謂然手
著一書駁詰之王殁嗣王立未幾卒其姊馬利嗣位贅西
班牙王子為壻嘉靖間女主以利撒畢即位時荷蘭不從
洋教為西班牙所攻英女主以兵助之西班牙移兵攻英

因風壞舟英人圍而殲之國勢益振時蘇格蘭別為一國國主有女曰馬理姿容絕世嫁法王為后王卒歸母家父歿嗣王位選羣臣美丈夫為夫夫有別寵馬理妬之遣人殺夫焚宮以滅其迹而贅殺夫者為夫國人將因之乃逃募兵戰敗降英英女主謂其亂倫下之獄十八年復與獄吏通逃出英人捕得斬之英女主卒無子蘇格蘭王熱給斯女主之姻也英人迎立之遂復合為一國教徒謀叛於殿下藏火藥將轟殺王事覺悉誅死萬歷四十一年查理第一立後被弒時有大紳名負才望攝政數年乃致位於

查理第二因奉洋教英民不服召荷蘭兵至王遂奔法荷蘭王入倫敦即王位號威廉第三疾歿無子乃招日耳曼之漢挪威王若耳治為王其后為英故王之女習於英事相助為理民大和若耳治第二伐西班牙伐法均勝之若耳治第三亦傭賢主時英屬土在亞墨利加者明中葉英人尋得之地多沃壤英人倚為外府稅餉過重有華盛頓者據地起兵英以大兵攻之法與英世仇起傾國之兵助華盛頓英不能支乾隆四十九年議和聽自立為美利堅國沃土盡為所割由是虛耗已而得五印度又與法拿破侖第一交

戰大勝擒之國以復振道光九年王威廉第四立亦號賢明十八年四月卒無子有女不慧遺命立兄女維多利亞為王即令在位之女主也夫名博雅那早卒有子三人令在位五十八年矣拓土益廣若阿非利加各埠若澳大利亞若沿海各埠雖地不連屬然廣大遂與俄相埒其政令一切雖出自議院而不可謂非其福命足以維持之抑余有慮者印澳各部或民終反側或酋長自擅皆在人意計之中此恐不必在數十年後也

早至倫敦

忠信波濤化險夷月斜風定放洋時英荷海面不寬而風浪甚大此行平

穩舟人報到將登岸境入倫敦尚不知

一日出煙銷已放晴飛輪捲地入山城英京尚多霧氣今適開霽百

一見殊驚喜游福天生老眼明

初二日雨

晨起至使館拜晤仰使匆匆一敘至九點鐘偕楊虞裳徐蕘階洋參贊馬格里本英人在英使館多年往觀英國國家之製造鎗礮廠廠名胡力榧即以其地名名之者也先期已知會屆時同乘火車至廠總辦安得生出迎導觀造成新式魚

雷礮長一丈二尺重一千六百五十磅首用無煙黃綿綫
火藥二百五十磅中用空氣壓力尾用機器一點鐘行三
十海里造價英金四百磅售價約五百磅又觀快礮見前
充日本水師提督英人英格爾斯導觀新式快礮六寸徑
口者用彈一百磅詢無煙黃綿綫火藥製法云用棉花藥
硝鏹水硫磺鏹水製成形如弦綫隨粗隨細其法由英人
某創於一千八百七十五年成於八十八年每磅約二先
令價三倍於黑藥然力量甚大一分可當黑藥四分之用
且不患水溼霉變無慮熱蒸火燭試藏三頓於屋燃之不

過暑黝糟壁爆破瓦數片而已而户牖無傷是又可免危

險也胡力樞廠所製各礮彈並用銅質其造彈初為稍厚

銅片一錘而為凹形者為一所再錘而凹漸深者為一所

二十餘錘而即成為長筒大小不一而製法并同其抽銅

板由厚而薄亦復如是有薄如竹紙者分類各作不相交

接其他皆如此類廠常用一萬五千人有急則更加二倍

廠主云欲細觀須一禮拜乃可畢事也十二點二刻復乘

火車約四十分至商人馬左宜克羅夫德魚雷商廠閲新

機礮暨羅登飛快車礮廠總辦勒威導觀大小快礮機器

礮中國南洋訂購之礮皆在馬克廠凡機器礮內用機簧取攜甚便彈如排笛橫連於外指按風門則內機動而藥彈自能橫遞連響不絕如爆竹然外用銅管貯水以妨筩熱下用半月之盤可使螺旋左右上有浮表抽出可驗遠近遠者能至中里三里有半然必近至一半乃可見人放之較準每分鐘可八百出坐而指按雖耄年亦可從事洵利器也照像畢急乘火車而回因昨約六點鐘龔星使來邀同拜外部後即赴使館大餐賓從羣集極一時談讌之樂歸寓已四鼓矣

晤龔仰蘧星使

禍福相倚伏智者防未然安危不旋踵達人能自全國
事勝家事血熱心憂煎安得同志人時局相斡旋逢君
在海國喜色來眉巔津門昔訂交已逾二十年此日一
再晤得毋前生緣秪令膺使
命萬里徒瞻天可憐合肥公始終獨仔肩思比來歙刺
幸有斐度氈鞠躬猶未盡和議姑從權奈何多要挾條
約頻糾纏王事正棘手疇能安枕眠昕夕坐行館軍報
飛電傳不日別君去天外吟歸鞭捧日近霄漢判袂隔

雲烟臨别何所囑彼此當勉旃

閲英國胡力樞船廠並魚雷船商廠

幕天席地橐籥工陰陽爐炭飛炬紅光芒騰霄萬丈起

運錘一擊聲摩空巧匠鑿山吸山髓剞木治鐵闢鴻濛

踵事加厲逞奇秘巨靈失𩔖來罡風君不見英廷設廠

胡力樞船形礮式羣舉隅萬五千人效鞲鼓霹靂響應

山嶽呼宋斤歐冶各有執衆聲無譁相奔趨商家有此

博大無古來善事首利器如有所礜必有試演驗發聲

如雷霆果能取準非兒戲商廠更況觀魚雷巧奪天工

爭亿裁推陳出新任狙擊所向披靡魂摧機黄連錢似爆竹萬靈雨泣天為哀南洋購置戰守利金甌鞏固息喧歷中華船政亦久矣舊章率由繼難起迂儒尚欲咎水師饑羊一去胡底止瞬顧發憤復雄風經營煤鐵策商工一轉移間强且富中西步武將毋同

初三日雨

晨起偕金楷禮往遊博物院院中石人以數十計一空中鑿卧像四角四人跪而以肩承蓋云此數百年前西俗葬法也再進則古棺柩計十數皆木質而精銅包裹其外鑿

刻細緻云皆耶穌教堂所移來者膏塗血清愚民之受其
誑惑者乃有如此乎繼而各色古釵釧古刀錢之類羅列
數十櫥中國古磁亦以數十櫥計更上為樓八九楹四壁
皆懸油畫女子攜冉縧就此臨摹者甚衆所繪英人擒拿
破崙弟一像宛肖如生亦妙手也飯後議院會議余偕參
贊馬格里楊廙裳徐蕘塏同往金楷禮以德人不得至焉
入院為長廊兩旁置石像十二皆當時之有戰功者再入
為廣廳左為下議院是日至約二百人中坐為司農三四
人餘皆兩旁列坐各五行位次遞高椅皆黑皮右為上議

院規制從同椅皆朱皮至者僅三十人余與從官並生樓上各廳時許乃辭出見西女數人生檻下問皆爵紳之婦也繼復乘馬車周遊廛市為戶刑各部為教堂為英國家銀行一皆閎壯可觀尋過一鐵橋所謂倫敦橋者也橋跨泰晤士江上流矗立樓坊四座中為機輪橋重數十萬觔一人可以閤合橋開則人從上過複道行空采虹雙落令果見諸實境據馬格里言倫敦中街長六十里工為火車路下為陰溝中然電鐙寬廣與上同亦成一衢市百貨皆集再下更為穴道駛行火車男女人丁計五百萬馬匹約

七萬大小車計三萬輛查倫敦總冊內開街道彙總丈量計約六千六百十二英里法里一萬零九百三十八合華里一萬八千六百十六里半下有陰溝亦街市也長四千八百三十法里華里八千四百五十二里半重疊電綫長五萬四千七百四十法里華里九萬五千七百九十五自来水管長七千二百四十五法里華里一萬二千六百七十八又百分里之七十五煤氣管長五千一百五十二法里華里九千零十六水龍站房五十八所可以移動之水龍站六所救火人役計有五百八十五名水龍船四艘彼此通接之綫路長一百七十法里華里二百七十九里半報火電筒六個滊機水龍三十八副船

上瀛機水龍四副用手抽提之水龍一百十副巡捕一項合大小品級而計之共有一萬三千七百五十六人其俸每年二十五萬八千先零年紀大率以三十五歲有半為度差使約當九年半身材約高一法尺七十九法寸中國五尺零一分一辦理其事者有總巡一員歲俸四萬二千先零協巡二員每人歲俸二萬五千先零熟於律例之參議官一員歲俸二萬先零總參贊官一員歲俸一萬三千六百先零巡道二員研求狀官一員總稽察官一員各圖巡長二十四員稽察分司六百三十七員有品級之巡捕一千零六

十七員尋常巡捕一萬一千一百五十一員此項尋常巡捕無論成婚與否俱以兵法部勒須在捕房歇宿信局計共一千公車一萬五千兩是年搭客失物二萬五千件內有錢幣一千九百個車夫不肯匿據而呈繳捕房者捕房獎其廉潔費銀四萬八千先零街上四輪二輪聽人雇坐之車亦常有遺物車夫拾而呈繳所得獎銀亦在以上數內倫敦有總醫院二十四所專科醫院一百十所以其間牀榻比核倫敦民數係每居民九百七十二人始得一牀之數準期印售報紙計四百四十九種至倫敦外省有一千七百八十一種惠爾斯境一百零一種

蘇格蘭二百二十種阿爾蘭百十六種沿海小島二十二種地隱火車頭等搭坐約計百人中有六人坐二等車約計十人坐三等車八十四人觀其所紀可以想見其繁盛矣五大洲中惟英人講求商務為最工故其富庶亦最盛誰謂區區島國可蔑視也哉又冊報云內有一事所謂間所未聞倫敦鰥夫續娶每百人中有十二人即娶其女僕此則須還閱之講求性學者云云是則倫敦所獨有風氣國不必強同也未正遊行廛市見所鑄各像矗立通衢詢之皆建有大武勛者宜人人之以武職為榮幸也申初寒

氣砭骨乃入廑暫息少頃宋芸子馬清臣周東生曾敬詒

邀赴使館晚餐

游博物院

唐宋置畫院藝事良得師漸染及外夷油畫亦稱奇女

子工畫所僅見管夫人後甌香檀墨課辛勤茲更多習

尚成風互相羨絲毫肯與畫眉人臨摹慣入博物院此

風最盛推英倫油畫水畫能專門長裙窄袖正襟坐心

手相忘出精魂專精似此何為者用心是或一道也承

值應例荆關前馳譽不在摩詰下就中仿古為最多斧

劈麻皴法無譌點睛欲活在人物縷帶自博冠峩峩毫
端傳神妙山水遠樹無枝枝水無波其餘花卉雖沒骨折
枝生趣復婀娜旁若無人神靜恪藝成而下亦稱博何
事陳設誇珍異欲駭見聞轉穿鑿更經旁院先陸離制
器尚象如列眉蟲魚鳥獸非所在萬生園囿別有之始
知此院畫爲貴繪影繪聲無窮味彼都士女甲歐洲逞
妍鬥靡殊無謂

英京書感

橫絕各島西北跨雄長諸族淩五霸天然都會開倫敦

威極還數維多亞不𢌅臨御向能軍通商拓土真空羣
虎視歐洲爭樹立鯨吞各疆爪剖分精力將竭亦耄矣
五十餘年相終始老嫗不妨驕帝號鴻圖直欲貽孫子
祗惜崦嵫無萬年人亡政息難氐全金山六島新羈縻
香港一隅亦孤懸英度遠馭非持久先聲奪人詎善後
家法何似我
中朝西佛垂簾尊聖母不矜不伐酌機宜宮府內外
懿訓垂方今時局正多故虛與委蛇默主持軨材媲附皇
華使假逢游歷初過此回首燕雲想望中欲分

宸廑心未已

初四日陰雨

八點鐘乘馬車至火車棧龔星使及參隨以下皆來送行

綠波碧草異域關情視西江南浦傷如之何九點鐘開車

駛行甚速寒氣亦未盡退也按由英至法有數道一由地

爾魄過海至丑黒文車分早晚早車九點鐘由倫敦開車

下午六點鐘三十五分到巴黎晚車八點五十分由倫敦

開車次晨八點鐘到巴黎如從多甫兒過海至加利車分

三種早車八點鐘由倫敦開車下午四點三十六分到巴

黎中車十一點鐘由倫敦開車晚七點鐘到巴黎晚車八點十五分鐘由倫敦開車次晨五點三十八分鐘到巴黎車價每三月一定低昂視搭客之多寡爲贏縮各國皆然無一定章程也由多甫過海較奴黑文稍快數點鐘而海潮爲兩岸峽束風濤頗險價轉昂貴未正渡海北風甚勁舟行極搖盪七點鐘至巴黎慶靄堂錢念劬潘景周吳貽清聯文泉並迎至車棧靄堂爲備晚餐余駐使館參隨各員駐就近客寓中法與英隔海相望沿岸礮臺臚列計凡五處曰哈富曰白海士登曰削浦曰羅淑佛曰羅里溫棱

棱齒齒蓋不獨防英亦兼防俄也其南臨地中海亦有礮臺三十餘處查英國預籌本年及明年之水師經費計合法金五千萬福蘭海部估得支用各欵共須英金十八兆七十萬一千磅較前二年經費頓覺加增然於十八兆七十萬一千磅外尚須添備七十萬四千磅以辦議院所准行之大工俾於一千九百零四年得以告竣去歲秋報館曾述此項工程需欵四兆八十六萬二千磅蓋其中尚有他項興造之事如徐孛拉爾帶之擋浪長堤泊船埠岸屯械大棧乃其一端耳海部以所請之五百兆福蘭四兆八即上文

十六萬二千磅之欵辦理密定之各項事宜而不欲他國盡悉其隱

故必逐年由漸宣示海部尚書去歲所以正言九十五六

年間須造快船十艘擊雷船二十艘按十快船中計有頭

等者四二等者四三等者二頭等式如孛勒納模但尚欲

其精更速更猛故船圖尚未繪定二等者式如帶爾扒長

九十八法尺中國二十七丈四尺四寸寬十七法尺十法寸中國四丈七尺八寸

八壓水力五千七百五十噸馬力萬匹速率十八海里半分

及十九海里三等者式如排拉模長九十法尺中國二十五丈寬

十一法尺中國三丈零八寸壓水力二千一百噸馬力七十疋速

率二十海里至擊雷船之速率應更勝於現有之極快雷船但船樣則尚未定局也除已在廠中開造之船外閱於此二年尚有應行添造之頭等甲船十頭等快船六二等快船十三三等快船二擊雷船四十或五十不等報信船四如此而英之水師豈非雄且厚哉兵船增而水師員役自必俱增故此二年中之水師數目將由八萬三千四百之數日逮八萬八千八百五十人矣又此二年之兵船隊中當添甲船三隻約今夏可以下水又頭等快船二及擊雷船數隻須在二年內竣工其所以遲誤者緣工匠罷工

及另有不測事故也英政府尚擬在博爾忒倫造一長隄抱士穆司造一兵房香港擴充製造局杜甫造成戰坞以便停泊兵輪此項工程之款擬向民間息借則以此項息借之款加於預定經費十八兆七十萬一千磅及議院所准興造之七十萬四千磅上其費即至二十兆磅查一千八百九十三四年之經費係十四兆二十五萬磅乃越二年即增至五兆磅合法金一百二十五兆方也夜得滬報知已於二月二十九日得生次男爲之一喜

至巴黎得滬報獲生次男喜賦

暖入庭蘭玉有芽尚遲芳訊隔天涯忽傳喜信先過海

待試啼聲盼克家賀客有時誇竇桂勞人猶自泛張槎

朶雲遙作飛來電想見申江笑語譁 時春屬暫寓滬館

使俄草卷六

臣王之春恭紀

光緒二十一年三月初五日未初雨後微聞雷聲

巴黎雨雹乃其常事蓋亦所謂地氣之偏者也連日因遊歷英京爲海風所苦覺稍畏風頭眩因服發表靜坐一日未刻擬一電致金陵張制軍法國出産昔日以鐘表爲大宗今各國皆能製造其利遂分惟保朶所出之葡萄酒爲各國最各國至今樂用之尚可得息然農務未克振興黍米稲麥多由美國購來煤炭亦須添購於比國其餘立墉

之絲盧恩之布織造雖佳出口有限一切材料亦少所仗者惟製造製造有二造糖玻璃磁器時樣衣飾奇巧器物尚其小者船廠機器其國所製種種皆佳不讓於英之安蒙士唐德之克虜伯諸廠國人生計恃此一著鋼甲之廠無地不有最鉅者爲科魯蘇廠有瀛錐力一百噸天下罕有其匹所錬之北斯邁鑪鋼質純而堅性匀而脆各國製機造礮皆喜購之僉云不亞克虜伯之鑵鋼也造船官廠五曰都隆曰勃來司忒曰羅淑佛曰羅里温曰削浦所造快船礮船但供國用不轉售也鐵艦則屬民廠曰地中海

廠曰保朵廠曰哈富廠曰馬賽地中海分廠曰盧華河廠五廠之製各有所長各國多取資馬造礮官廠二一名布呵次一名盧愛里造槍官廠名汕答佃向俱為官專造槍礮不准私授外人近因軍需已足工匠賦閒遂下准代他國承造之令未及十年也此外尚有民廠皆須請官准示方能承領他國工程官藥亦然除爆藥有限制章程外其餘火藥均准造售魚雷為奧商懷德脱秘製法人得其訣較早然尚以購者為便宜故至今無製雷之廠雷艇僅足守口不能出洋雖可攻鐵甲然鐵甲可施鐵網以隔其穿

又有電鐙以阻其進復有荷礮以使之沈彼雷艇裝煤不多經浪不起固非可以持久者法人知此遂不多製近英德製造與法人並駕齊驅分其厚利法人嫉之常假他事相齟齬比國與法接壤其人亦長於製造於礮台工程尤著名其司來地方有鋼鐵大廠曰廓克立耳包造輪船火車諸料及兵商輪船汽機等物兼製小鋼礮廠地依山麓有煤礦挖煤鍊鐵鍊鋼皆萃於一地西國推為克虜伯之次英法各廠尚無此宏博也五點鐘前署洋參贊思恭薩克來謁詢其前在船政及出洋所領學生各節甚詳本日遣弁往智利國驗船

初六日晴午後微雨

辰刻擬一電上張香帥即往晤法總兵狄塞爾卜義內兩君係曩日越南勘界同事老友殷殷話舊意甚摯維隨答拜旋與金楷禮譚悉德之所以制法者舉國共可集勝兵五百萬而徵調尚止及半鐵路八通四達鐵車亦安置數餘若者載送士卒若者裝置軍火若者轉運糧米食物一一皆寫置車旁條理微密五日內通國之兵火一切可以悉入法境而法不能也近考究俄之東北前數年因地方奇荒由西方運糧接濟不及此蓋平日運送糧食猶不足

有亟何能運兵隨所指揮乎中國不但鐵路宜開並車頭
車箱亦須多置也又英兵約四十餘萬必由召募年二十
入營在營十九年許其告退國家給半俸使養其老亦有
尚留營次者特不多耳德制則人人皆須當兵二年始可
別事他業其過於短小及有廢疾者免之有親老年六十
以上准留養有兄弟仍不能免搢紳富室之子弟如求免
當兵須覓人代充歲費至數千馬克或至萬餘不等其由
少充兵可積漸至提督其受賃者不許也但得若中國千
把外委而已近有德人綜論時局謂目今德法未必有戰

事而英法則或因埃及而啟衅端埃及弱甚為突厥屬國若其虐政而不能自拔
法保護之未注全力也英誑法使去埃詎法去而英獨屯兵其地歷有年所且主張其政有視爲屬國之意法弗平
故云然衅果啟恐英有所不利也英之水師力圖遠勝於法
而屬地遼遠在在需水師遊弋海上分駐各埠乃資保護
若法則屯聚於勒來司忒在大西洋海濱法水師五大埠之一都隆在地中海濱亦
水師中五大埠之一二口已足互相應援且年來英國礮火學問未
見長進故英法交爭英難操必勝之權況英之陸兵類多
下等不讀書明理之人德人讀書最多萬兵之中不讀書者百人而已法遜於德英尤遜法
然讀書亦必大半軍律雖嚴逃營者猶百中有四兵官平日與兵

丁格不相親凡此種種均堪危慮光緒十四年間英國爵臣華爾司來宣言敵可乘虛襲英非故作危詞也法人可藉鐵路之力三數日集兵北境一夕渡海以窺英英縱能阻法登岸而可危處極多英國產麥少每歲三百六十五日止有一百八十九日之糧（言稍過半）仰給外運英民五分之三皆為製造工匠一旦外糧告絕則此五百萬工匠安所得食英爵臣沙米培甘曾言海中如有戰爭則麥價必增一倍前三年英首相沙里斯畢力數陳時策有敵人無須礮轟海口但於海中截我進口貨即能令我忍辱求和之

語良以英倫三島四面皆海不比他國遇封禁海口尚有陸路火車可以運濟也英國各屬地繞計其商舶所儎可有一千二百四十三萬噸值金九萬七千萬鎊以每鎊合中國七兩計之為銀六百七十九萬萬兩不可謂不富倘兵船不敷保護商船則懸局外旗幟之船且不能運濟遑論其本國船耶昔者中法之戰法曾攔截糧艘則安見與英戰而不截英糧乎或詢於德人曰英法一旦有事則合縱三國策將安出合縱三國者德意志奧斯馬加義大利也先是奧亦德意志列邦之一自同治丙寅與布一戰奧遂區於德意志之外同治庚午布既勝法恐奧之黨法也俾司馬克為相亟與奧捐前嫌結新好約一國用兵則其一國出全力相助蓋合二國為一

(國矣義大利本合於法至是見法勢衰而布奧又合德人亦願附於同盟之列則是合三國為一國以防法矣)謂當守局外例不以一指助英也難之者曰法若勝英必東揥而與合縱三國尋仇方今俄法交至密吾恐德之法逼其西而俄乘其東也袖手旁觀毋乃拙甚德人曰可毋慮也德自知力足禦敵且知俄之不敢開罪鄰國也俄若不犯羅馬尼亞(本突厥地光緒二年俄土戰後光緒四年柏林立約以羅馬尼亞為自主之國)布爾噶里(與羅馬尼亞同)君士但丁(突厥都城也俄人垂涎此城百餘年矣歐洲各國咸思有以助突而抑俄非愛突也恐俄得突將肆行地中海而於各國有損也)則德奧二國斷不拔劍而爭光緒十二年布爾噶里內亂俄幾藉詞平亂擾兵矣

奧爵臣喀爾拿基昌言俄若有事於布雖佔一極小城邑奧亦決不能忍云云俄亦竟不問布事然則俄之不輕開兵端可知也況前俄皇呵咧克桑德爾第三持盈保泰哭厥之役時為太子親在軍中深知兵凶戰危且自有此役不但不能化尼希利之黨（俄國此黨極盛專意撓君主而之權俄君主權與哭厥相等）更益固焉國中武備又未有進兵丁用小口徑快槍者祇三分之一其餘二成恐光緒二十二年以前不能盡改（小口徑槍現各國已次第更用俄獨膛乎其後）俄兵雖勇悍然愚甚（不讀書通文字之人較英尤多）執此機簧緐巧之鎗施放未必合式其執政人又未必皆

廉潔從公自嘉慶二十九年以來俄所與戰者野人耳突
厥耳猶且屢敗於突俄兵勝則易驕敗即沮喪德國駐俄
之武隨員言之詳矣凡西國各公使皆帶有武隨員往籍以講求武備惟至中國則不帶武隨
員前在俄晤某王爵譚及於此云中國無武備之可學也又云中國若能講究武備圖自富強將來各國無不敬畏
即敝國尤深願中國如此而謂能與強國戰乎柏林會議後即俄突戰光緒四年
之約俄兵屯德奧界上者日益衆俄屯德奧界上額兵居全國十分之七屯波斯界者
十之一屯中國萬里界上者十之一德奧每議其後俄皆飾詞以謝之然屯兵離鄉太遠每
怨戍役之苦代者一日不見到則戍者一日不能離德奧界上
凡頭等礮臺五皆宿重兵焉鐵軌祇一路車輛又甚少如今日彼界上

兵數計非兩月又半不能運畢德奧正可乘其運兵未畢之時獲勝云云按此雖私逞其蘇張之說然歐洲今日之大致亦甚不差乎此若西方果有兵事東土其庶幾少戢乎夜發一電上江寗張制軍

重到法京

氣清天朗惠風和三月巴黎喜再過廛埽六街人意好春回羣樹鳥聲多民能合衆猶爲國志不成城悔倒戈鐵塔淩空搔首處看他如帶繞長河河沿鐵塔可遠眺望破碎河山幸瓦全廬山真面異當年歌樓壯麗空爭勝

民氣沈雄詎晏然險扼重洋誇富庶疆連兩大費抽旋左右與英德兩國連界殺機潛伏天心厭法人好戰近又與馬達喀斯加開釁燕雀巢堂亦可憐

初七日晴

茶會約晤狄塞爾談甚愜意隨接張香帥兩次覆電查法館慶藹堂郎中才具開展蒞此二十餘載精通法國語言文字於此邦情形尤為熟悉歷任使者倚之如左右手是日病已愈因偕從官至安佛里特院一遊法前王拿破崙第一之陵寢在馬地距使館里許濱賽納江之南旁有歷

代兵器博物院武庫二所列銅鐵鎖子甲千餘件厥製各
異矛戈弓劍悉以玻璃橱貯之又洋槍手槍各一徧嵌百
寶赭石礮臺一座兵房瞭臺悉具庫之中又分為二院一
為歷代士卒蠟像草昧之初人皆衣皮張革以衛身削竹
礪石以禦敵其像並非深目高鼻故攷古者謂西人實來
自東方迨數世後服其水土形狀始漸次變異又進内一
室亦有彈弓刀鋋身服甲胄或僅露目或半遮面或脱上
服持盾以為扞蔽至火槍之製距今止二百餘年耳一院
之中古今竝列兵器之沿革得此可以考驗一為五洲兵

卒蠟像地球人有黃白紫紅黑五種類其族十有五陪而
陪族黑人族北美印度族中美印度族南美印度族柏布
族愛斯旣馬達族歐洲印度族烏拉朵阿爾堆格族蒙古
族愛拿族排思格族達拉惟弟愛吳族馬來神族亞剌伯
族中國爲黃種美洲爲紫種歐洲爲白種南洋阿洲則紅
黑兩種形殊醜惡所操兵器亦尚鋒利末室列中國楚軍
馬隊一人鄉勇一人綠營兵一人營將一人一院之中五
大洲之人物備具而軍器之優劣亦可資考證其兵事焉
得不精乎午後電約宋芸子太史王省三大令來巴黎

初八日晴

發電約英水師提督琅威利在英法海口敘晤余昔讀墨子魯問公輸備城門備高深備梯備水備穴備蛾傳迎敵祠旗幟號令襍守諸篇竊意三代時已有機輪火礮之屬特事初創始未克精益求精耳其曰始為舟戰之器作為鈎强之備又曰公輸削竹木以為誰成而飛之三日不下墨子為車轄須臾劉三寸之木而任五十石之重似皆用機器為舟車也又曰公輸為雲梯九設攻城墨子解帶為城以褋為械九距之此皆有機軸存其中者也又曰縣火

四尺一鉤欜五步一竈竈有鑪炭令敵人盡入煇火燒門縣火次之出載而立其廣終隊兩載之間一火皆立而持鼓而熱火即具發之似已用火蛋之類又曰諸門戶皆令鑿而幕孔孔之間各為二幕一鑿而繫繩長四尺救車火為煙火射火城門上鑿扇上為棧塗持水麻升草盆救之是又火箭之類又曰古人有善攻者穴土而入縛柱施火以壞吾城是乃今地雷之制也又曰鐵鏁長三丈端環一端鉤鼠穴七尺五寸似當時已有所謂火礮者矣神機陰開歙闢無迹人巧之妙也而治世不以為民業秦始皇欲

愚黔首而弱天下其法因以不傳雖其意不必本於先王之厚其事庶幾近之然不能以德綏而振之此陳勝之徒所由揭竿起也漢唐以前文武同途子儀入相而裴度督師其營陣號令皆有學問以為經緯故能隨在制勝宋懲藩鎮之禍趙普以斗筲小技逞其陰謀為杯酒釋權之舉累世傳其家法狄青王德用稍自錚錚便加疑忌岳韓之猜防又其甚焉中原安得不弱乎明重科目視武員為閒冗其人多非說禮敦詩之流國朝踵之故綠營幾於疣贅戚繼光岳鍾琪蓋亦曠世而難其人矣今將轉弱為強宜

更武科之目俾習槍礮而考試以武備之書改定綠營之

制使文武兼官庶有豸乎

初九日晴

拜會法外部哈諾脫敘談中日戰事極荷注念當稱謝驗

收鐵甲船之要有三一在考究全船究重心之斜正隔堵

之布置碰鋒之堅利舵機之靈捷礮位之運動及機器水

缸水門藥彈艙戰台魚管等處位置一在講求礮械德國

克虜伯大礮製成先用滿藥試放藉審礮身之堅及貫甲

之力德國水師俱用克虜伯礮械雖操法與英國大同小

異而專用是器者定臻精密一在試洋愼重俾知輪機之滿力轉圜大小船性之左右礮彈之遲速中國濟遠船德廠所造也而英廠頗訾議之從前阿模士莊廠匠師槐特說帖云濟遠船內有數處不及同時兵船之造法一則分艙禦水之法未妥也尤可慮者穹甲下之各艙如鍋爐艙長約佔船身三分之一若於下面薄鐵板處打一孔水即入一則穹甲艙面雖固然全裝於水面之下其浮力與平穩均無有焉倘船邊有水擊穿則水入穹甲之上甲未損而船或沈矣一則舵柄未經保護也一則前面礮台及煙

匈風艙諸口不宜用直甲保護也云云等語今濟遠上重下輕果因此數病而致轟沈然則講求補救為監督者安可不亟亟參攷而弗容苟且搪塞也哉

初十日晴

美副將夾皁參贊宋芸子繙譯官王省三同日邀到商辦事件次日返英巴黎天氣晴和樹林茂密景物極為清幽英人亦多寓居於此者聞前在中國海軍之琅威理現向寓居此間因乘馬車往訪之適已回英京不值而返查美國向不種茶咸豐八年美執政購中國茶秧一萬株發給

農民栽種厥後愈購愈多歲發茶秧至十二萬株今均有收成將來必足供自用至於南洋印度日本之茶雖不及中茶之腴厚然英人巧偽每於十分之中滲入三四分乃幾幾乎無以辨之其尤作偽者乃於印度茶中滲用華茶云此印度茶也人人貪其價之稍廉而爭購之以為與華茶無大分別也其分滲時華茶多而印茶少故不能辨久之而華印各半又久之而印茶多華茶益少以是潛為轉移而英民罔覺也印度之茶其製造烘揀又以機器為之人力省運腳輕而價值遂減華商貪得務多製採或不如

前使西人得以藉口如是則茶務安得不日壞乎頃錢念劬來譚云華茶至法皆由英商經手故利權為其壟斷現有法人某擬自備厚貲與華人夥辦庶兩國均分利益而不盡為他人中飽法商若行此德奥等國必且繼之華茶其將有起色乎午初發一要電上江甯張制軍

訪英水師提督琅威利不值

氣凌海若傲馮夷遊戲滄溟任所之久已彼都操勝算還從我國領偏師清時避位甘詮伏當路需賢詠縶維差幸遠來相過訪楚材晉用莫輕疑

何期室邇復人遐良晤需時不在家駕駛雙輪輕鐵甲

悲歌一曲振銅琶出山遠志原非草過海同心盼及瓜

終是秺侯歸漢日聲威仍自走龍蛇

十一日晴清明壬午

得龔仰使丞云李傅相彈子尚未取去流血過多年老頗

難速愈惟幸尚不至有他虞耳昔華人以琥珀摩擦令熱

能吸輕物後又以玻璃火器等物摩熱亦能吸輕物若質

巨氣足則見有火星爆出西人乃尋知五金之屬皆善引

之以瓶內外黏貼錫箔蓄其氣放之則有光如電有聲如

雷能震人擊物乾隆三十年美人弗蘭林驗得遇雷雨時以紙鳶向空施放初見繩上絲縷蓬然樹立繼則氣隨繩下盛之充瓶用一鐵匙稍近瓶口則火星躍出迸然有聲知向用玻璃琥珀等物所出之氣實與雷電無殊電學由是漸興此種電氣皆由摩擦而生謂之乾電至今電報所用之氣由義大里人嘎刺法尼與佛爾㙯二人究得一法係以鏹屬與金屬相感而生謂之溼電其法用紅銅白鉛薄片數對重疊每對隔以鏹水浸透之厚紙復以銅絲二條聯之即能生電佛氏旋因其紙易乾則機無力乃以玻

璃盃為電池後又有人造長箱內以磁片分為數十格箱蓋下安銅鉛薄片數十對以銅條聯之每對入一格箱內儲以鏹水用時但加蓋於箱則二金自然相感生電最旺於是溼電之學大興或輔化學或佐醫學然尚未能寄信至嘉慶庚辰丹國人倭斯得始著書論電氣與磁石之氣無異驗之之法於南北設一銅絲以定南鍼懸之則其鍼與絲俱相平無吸移俟電路一合而電氣運行於銅絲即見鍼政向而指東西觀電氣南北運行使此鍼橫於東西即知地球本有電氣東西運行故令鍼橫於南北定南鍼

之所以指南北即此理也倭氏既創磁電二氣合一之說法國阿拉格與安貝爾二人復以銅絲繞成螺絲形電氣過之每繞一匝則力增倍以鐵為心沾電力而能吸物與磁石無異是謂磁鐵電學由是益精道光戊戌英人惠子敦設電線於倫敦甲辰法人始設電綫於巴黎是年美人莫爾斯設電綫於華盛頓係以電運筆而畫字由是妙法百出有以電運鍼而指字者有以電變色而成字形者甚有以電運印書機器立將所傳文字印出者近更有以電傳聲為德律風者而傳信用號碼以審字尤為明顯而畫

一今泰西各國郡邑村鎮密如龜網雖在一城相去二三
里如有要信即發一電邇來大東公司新得保護海綫之
法尤為精審遂能沈綫海底東至中國日本南至新金山
西至美利堅雖數萬里外通傳要信捷於影響奇妙真令
人不可思議矣法人近與阿非利加洲東之馬達喀斯加
島搆難不日將兵戎從事甚矣法人之心浮動好戰樂鬬
乃一至於此乎以余觀之馬達喀斯加雖地當南黃道而
炎熇特甚癘瘴易侵法人性尚矜張一切皆務粉飾實有
外强中乾之勢佳兵弗祥不戢必焚拿破崙兩世殷鑒其

未達也已查馬達喀斯加島（一作馬大押甲又作墨勒阿土喀）在印度東南方與阿洲東土之莫三鼻給相近長約二千八九百里廣約七八百里有高山綿亘如脊萬笏紛排瀑布飛流數百仞峯之最高處北曰維加哥拉日昂巴的美內山東西平原坦闊溪澗交縈田土肥沃穀果甚豐山水明秀為阿洲一方之最惟地既炎熱海濱沮洳居半瘴霧觸人即能致病惟土著黑番始耐居之地皆回教分數十部其大者曰痾瓦斯曰塞哥拉瓦斯曰安達瓦斯曰卑定薩拉卑達尼美內曰安達美西餘尤雜不盡著名土產絲麻蜜蠟竹

蘇木甘蔗樹膠青黛煙葉白胡椒沙穀米銀銅鐵錫鉛水銀各礦皆有寶石水晶亦多土番不知開採惟攻鐵而已

十二日晴

古人為邦以國體為急初無大小强弱之異也其所以自待及以之待人亦莫不然故執言修辭非賢大夫不能盡楚申舟不假道於宋而聘齊宋華元止之曰過我而不假道鄙我也鄙我亡也殺其使者必伐我伐我亡也亡一也乃殺之及楚子圍宋既急猶曰城下之盟有以國斃不能從也鄭三卿為盜所殺餘盜在宋鄭人納賂以請之師慧

曰以千乘之相易淫樂之矇宋無人焉故也子罕聞之固
請而歸其賂晉韓宣子有環在鄭商謁諸鄭伯子產弗與
曰大國之求無禮以斥之何饜之有吾且為鄙邑則失位
矣若大國令而共無藝鄭鄙邑也亦弗為也晉合諸侯於
平邱子產爭貢賦之次子太叔咎之子產曰國不競亦陵
何國之為鄭駟偃娶於晉偃卒鄭人舍其子而立其弟晉
人來問子產對客曰若寡君之二三臣其即世者晉大夫
而專制其位是晉之縣鄙也何國之為楚囚鄭印堇父獻
于秦鄭以貨請之子產曰不獲受楚之功而取貨於鄭不

可謂國泰不其然若曰鄭國微君之惠楚師其猶在敝邑之城下弗從秦人不予更幣從子產而後得之讀此數事知春秋列國各數百年其必有道矣今之講交涉也其倔强者徒傲然自大既無以應敵人之攻擊又無以折衝夫樽俎其巽懦者徒任他人之恫喝輒自俛首下氣無能出一言以救禍敗而崇國體宣聖不云乎不辱君命可謂之士誠哉其未易言之蓋非綜觀中外古今上下史集不足以語於此也酉刻電致宋芸子參贊後慶靄堂邀赴法國國家大戲院觀劇數折歸途遇雨

十三日晨雨午後晴

是日法俗稱為耶穌死日按法人謂耶穌死日必在春分後月圓一次之餘第一禮拜閱七日第二禮拜云耶穌復生號巴克節幾於舉國若狂甚矣西人之惑也西人整理一切上下一心道路之間晝無喧鬭之聲夜無盜竊之事加以民性好潔街市皆日洗濯三四次雖甚憤恨或至劃刃於其人之胸而惡詈不出於口即如昔年所建戲院費二百萬福蘭合華銀千三四百萬兩而黎園部曲衆且千餘鼓吹者亦約百二十人歲須國家賠補賦斂煩重民無

怨讟固由君民同樂法戲院歲必數日民共觀不取戲資許貴賤均體有國稅城稅之別國稅供國家一切戰守俸薪交涉各項用度城稅則供修理街道諸事取之民者仍用之於民故無怨言有以深服其心不得不謂其政法之善而其立教則一涉於偏私遂有等於稗官小說若封神演義諸書所云者豈不甚堪一噱也哉泰西國例有君主之國有民主之國有君民共主之國操權既異名號亦別君主稱恩伯臘譯言帝也俄稱在力民主稱伯理璽天德譯言大統領君民共主者稱為京譯言王也稱帝者俄德奧突厥日本是也稱王者英荷西瑞典是也民主者法美巴西是也法國向本君政自一千七百九

十二年易為民政一千八百四年又易為世及拿破崙弟一即位是為拿破崙朝一千八百十四年波旁朝恢復舊物傳世兩君一千八百三十年波旁支派曰奧理杭雷斐烈重政為民主千八百四十八年民亂國中無君乃議改為黎拔布勒（譯言衆大臣議國政）時東國諸大臣中推拿破崙渦那拔為首即拿破崙第三權力才畧為衆所服乃議為伯理璽天德期四年一易渦那拔居位既久一切政令漸自裁決增募軍士給以重糈而選尤驍勇者為禁旅翊衛宮寢籍以脅制臣民千八百五十一年定議伯理璽天德限十

年為期民無異辭由是益帝制自為逾年遂改號曰帝以世代遞嬗無子傳弟或兄弟冢嗣一千八百七十一年普法搆兵拿破崙兵敗被俘國中無主明年衆推大臣遮亞暫攝國政逾二年遮亞遜位麥馬韓繼之議定權主國政以七年為期於是再傳葛賴飛遂為民主之國以迄於今未之有改然拿破崙波旁阿良三朝時時有復為君主之思民心卒未之能靖也午後發電致宋芸子太史

十四日晴

飯後偕同人往遊萬生院法國為是院者二一在城北出

城外西人所謂城皆當日舊基迺因巨礮轟擊必難抵為禦故門關不復修築僅存遺址以表其迹而已大清公所昔年賽奇會時中國所築以賽會者近已贈之法人矣再行半里許則為禽獸博物院初入為演齣臺更進而奇異之鳥不經見之獸皆備焉有所謂虎斑馬者馬形而虎文云能食人是物倘能施閑勒其縱騁當易凡馬也有麕身牛尾一角不食生物不踐生草者慶靄堂云麟也然書傳云麟五趾今此獸四趾未知確否一在深唔江之南院無門闌隨人可入諸鳥獸與各國大畧相同惟畜獅子四五頭頗獰惡其所植各種花卉皆以鐵為罩四周

及頂並嵌玻璃以保護之樹有成瘡孔者則以鐵皮釘補之免客水漬入使生蛇蝎螻蟻之屬致傷樹身亦可見西人講求植物之一端也觀中土齊民要術諸書古人非不日加滋溉講求其燥濕之宜土肥磽之異性而後人高閣束之儒者既以為農圃之末非其所事而胼胝者流又多目不識丁宜其藝植之不能日臻繁盛也按歐西各國六七十年創興鐵路固屬富强而每國鐵路所養活窮民以六七百萬計合歐洲計之歲可養活萬萬窮民宜其四境安謐道不拾遺劇臻上理豈無一二浮囂而羣志不紛則

亦與之俱化矣本日早晚兩次致電宋芸子

游萬生園

叱御𩨨轎報出城沙融草淺大隄平煙花有象剛三月魚鳥親人暢萬生院小鼎彝猶博古內有小博物院各種鳥獸分門別類囿靈臺沼亦知名叙聲鬢影驚相顧綺陌迎風緩緩行樹色湖光分外妍園亭點綴恰天然茂林外鑿湖疊山殊開境界新開雅座供春茗遠見遊人上畫船席藉花茵何冉冉泉飛瀑布聽涓涓殊方勝景偏身入海外三山信舊傳

十五日晴

法蘭西始祖固高盧種類也為塞爾達野番部落古時地氣極寒林莽陰翳獸蹏鳥跡充斥四野居民以畋獵為生南方諸國徙居者甚衆高盧之先曰波剌斯的西麻紀元前二千年始移高盧有三種曰伊伯耳曰塞爾達曰比利時爭相雄長日尋干戈尋併意大利既復從伯連那南侵羅馬隳之大肆焚掠七閱月乃退漢元帝初元年間羅馬大將愷撒征之連戰九年死亡百萬乃服之命大酋鎮守墾田種穀漸化其族由是為意大利西境後羅馬衰亂有維思俄蘇族自日耳曼來建都於紫羅塞法朗哥族亦踵

至初居於下萊尼威塞爾兩河之間有高士折路士西甲支斯干孛利諸種連衡抗羅馬自偁為法朗哥法朗哥者國語自主也乃渡來因河而南盡驅羅馬戍兵漸畧高盧滅維思俄蘇平定全境齊高帝建元三年始自立國號曰法蘭西酋長曰發拉門子哥羅味嗣立亦有雄畧傳三百餘年至西耳北里為國人所廢是為美魯的氏朝凡傳世二十歷年二百七十有一唐天寶十年立國相比比諸羅伯烈為王祀天改元教皇為行沐膏禮于甲利泰甫立征服諸邦戰功震爍四方尊之為羅馬皇帝子路易嗣以柔

懦不克荷大業禪位於長子魯達爾而仍握政權尋卒次子查理沙伯立征羅馬卒於軍子路易弟二立二年而卒路易弟三在位年又卒加魯曼立在位二年卒無子乃三仍立羅額魯前王羅的本聶之孫也王卒羣臣奉查理羅撒布入承大統旋以兵敗被擒國人立魯篤富為强侯所幽尋卒國中無主迎立路易弟四子路的嗣立在位三十二年路易弟五立僅一載墮馬而殂是為甲盧萬的朝凡傳世十之歷年二百三十有六宋太宗雍熙四年武額加頒的廢王篡位奄有法國一傳顯理再傳腓力三傳路易

弟六四傳路易弟七五傳腓力弟二俱無聲係路易弟九嗣立頗號賢明復傳腓力弟三腓力弟四路易弟十卒傳弟查理羅比亦無嗣遂絕是為前加頒的氏朝凡歷世十五共一百四十一年腓力弟六為法國輿望所歸入承大統在位二十二年卒子約翰立在位十年王遁於英子查理弟五監國越四年王卒乃自立在位十六年卒子查理弟六立英師入法京竟廢王時法有幼女達克若恩年十九起義兵復國查理弟七以宗統入國襲位無子路易十二以諸侯入即位亦無子法朗蘇亞自安克連入繼王位

子顯理第二因與羣卒騎而試劍誤傷遂殞子法朗蘇亞
弟二立十有七月卒弟查理第九即位以教事紛爭國亂
王卒國人迎立其弟顯理第三尋被弑顯理第四由旁支
入繼廣布仁惠百姓歸之時有教魁欲誅鋤異己王不聽
教魁恨之萬厤三十七年被刺死傳至路易十四好武佳
兵民皆怨畔乾隆三十八年路易第十六立時華盛頓據
亞墨利加起兵英吉利攻之不克法以全軍助之英遂與
和而法亦由是虛耗王好漁色內寵擅權擾民民不能堪
國大亂乾隆五十四年尋廢王弑之是為前波旁朝拿破

崙弟一以法夙將用兵如神征埃及有大功王忌之置散
地國人弑王拿破崙弟一乘勢鼓衆得大權嘉慶八年即
王位十六年與俄戰敗列國合兵擊法攻陷巴黎廢拿破
崙弟一而立路易十八為王明年拿破崙弟一復歸於法
英普合八國之衆拒之敗其師王降於英英人流之三厄
里那島自起將弁至稱帝凡二十年路易十八復位是為
後波旁朝子查理第十嗣立愚戇不任事國民叛王王出
奔英乃立其從弟阿連侯路易腓力道光二十七年禪位
於王孫出奔英越二年卒於倫敦法遂為民主之國拿破

龠弟三以道光三十年篡立仍稱君主同治九年降普幽之加須兒國法乃復為民政之國法民恃勇而喜動嗜戰而好勝近百年來拿破龠兩朝皆以帝制自為專擅魁柄而衆庶不服異類頻興篡弒相仍幾於視君如奕棋今雖易為民主上下自可相安而亂黨煩多客歲猶有專諸之舉由無聖賢之義訓使知綱常名教不容自解於天地之間而臣忠子孝實吾性分之所應爾也是日囑楊虞裳往晤琅威利

十六日晴

按泰西各國雖鐵道縱横午貫而軌條之多寡行駛之疾遲車位之衆少各自不同英之車行最速每點鐘能行九十五啟羅邁當德次之法又次之俄為最遲其行速者僅六十五啟羅邁當而軌道亦最少英德諸國各道多置軌條或八九或六七可以數車並行不相窒礙輪煙過眼往來有如梭織此可以想其繁盛矣鐵路之所以有遲速者蓋其軌條有頭二三等之異總視鋼質之純駁為準鋼之至純者為罐鋼然價太昂貴西人亦無用作鐵道者次則麥丹鋼再次則貝色麻鋼皆可用作軌條貝色麻鋼湖北

廠中近已能行自鍊但取其上浮者為純鋼可作頭等軌
條其下沉者用作慢車軌條此等軌條中國皆可自行製
造竝不累民生計抑且多養窮民而利亦不至歸外洋譬
猶人之一身鐵路則血脈靈活左手病寒而右手之陽通
氣可以宣通之百貨之有無皆可以輪轉輸貫如此安得
不富且强乎至於津沽至榆關得此鐵道一條倭人便不
敢侵犯此又明效著驗者中國亦何憚而不為哉今雖軍
務倥偬似不暇及然安謐省分正速宜逐次興工以期呼
應靈通他路或未暇由王家營至天津此最不可一日緩

者也由王家營至天津必經泰山之麓或徑穿山腹或繞
近運河此亦宜估較切實不可似臺灣之半穿山腹又改
而繞行也頭二等軌條必以鋼質純淨者其抵力甚匀故
能行速又其所經歷各橋梁皆須堅實行速則橋身之受
重亦多也造橋之法或木或鐵皆可就地之所出為之總
以鐵質為上木質四面翻用且以藥水傅之較可經久然
終不如鐵橋也又橋面宜用碎石整築使不至留水以致
久漬損壞又鐵軌之道有縱橫午貫者若地勢稍有坡凹
則亦為橋梁使一行橋上一行橋下各不相窒礙若地太

平行則不能造橋此等處宜多用一二管道者招呼行駛至此亦宜稍緩若處河身過寬建橋不易則俄國近日之托博里河伊什穆河勒爾齊斯河皆用船橋省費甚鉅中國亦可仿而行之又凡造橋之橋脚宜狹宜小免傷水利故以鐵橋為上此亦不可不知者也歐洲向來荒蕨之地民庶亦甚稀少自有鐵路不過六十餘年興辦數年後早成膏腴人物漸臻繁盛商務亦因之而起宜彼族之所由富而强也是晚發兩電一致俄外部一致克魯伯主人

十七日晴

法國政治以大統小以內控外體制與中夏畧同州郡邑鄉分設專官以理民事而其權操之於上咸遵一律罔或違異每一千端則設一官若中國之州縣凡膺是職者必考授律例師凡民間瑣案悉由其剖斷茍有稍涉疑似未臻平允者則代為申詳上憲據法研鞫俾成信讞各鄉鎮則另設廿門一員如中國巡檢之類凡其所設各署具有專職從不兼攝數事大抵理地方民情者統稱刑訟衙門而官有崇卑如州縣鄉鎮等官其小者也其上則有大衙門二十七所如有事控於地方官懸案不斷或剖斷不公

俱可復控諸所轄上司徧歷二十七所而後止然此尚係瑣細案件也若值重大之事其上另有專斷之官其職分約同中國按察使各府中均設是署一所凡有寃抑聽其赴愬每年四期每三月一集開堂會鞫竝許被控者自選秉公耆老十有二人屆時質證剖理惟毋得徇私偏袒然後鞫者聽兩造之辭以辨直枉舍寡從衆期無誣屈以為懲勸其追理商民公私逋負則有錢債衙門其官由州縣百姓公舉三年一任期滿再舉但推選雖由民庶而俞允仍歸國主凡鄉民因索逋涉訟者其數在一千五百福蘭

以下即由州縣上司判决若一千五百福蘭以上之案乃控於錢債衙門為之比追每府皆有駐防水陸兵丁茍有犯案統歸所主辦理至於巴黎所有衙署不可勝數凡國中官吏所斷一切詞訟均必上聞其有懸擬未決者亦皆關白以定是非其中辦事人員均係著名律師除上下議院外有參贊機密大臣有執國政大臣有總理度支者有專司出納者有主軍旅者有権稅餉者有專理戶婚田土事者有專理商賈事者有治盜賊鬬毆事者有治列邦事者有管屬國地方事者觀其分職建官頗能尊卑相御内

外相維無畸重畸輕之患其為部十二曰內部總理庶政兼攝羣司職同中國之首輔本國事件咸聽裁決曰戶部專司出納國中一切財賦稅餉皆其主持曰商部管通商事務曰農部管民間一切種植曰工部凡軍械火藥修治建築皆其經理曰文部掌管學校曰兵部主治軍旅凡調遣一切皆其主政曰海部修戰艦治水師曰藩部管理各處屬地曰刑部主持律例兼理敎案曰創例院籌議軍餉增改律法皆其專政以上皆以勛爵大員為之國有大政國主與此數人謀之有機要事皆得參謀議同治十一年

國會別設軍機一職由上下議院公舉二十八人伯理璽
天德亦簡派十五人凡下詔諭上箋奏皆由此四十三人
管理據其報册每年建官計文員約二十萬人可謂緐矣
按凡歐洲各國度支往往出多入寡皆因設官緐密事不
兼攝之故而又給祿豐盈食浮於人以致經費常患不足
然秩雖崇而事克舉國中大小臣工無不守法尚廉不懈
厥職其在官者皆民之望即貴至執政大臣抑且以民之
可否為去留又其權征稅餉具有常度涓滴必歸公欵不
得朘民為生其所謂庫臣者不過綜厥大綱而已其所謂

理財者不過司出納掌簿錄而已而所謂因循蒙蔽侵冒剝蝕乾沒尅扣之弊彼反無之凡泰西各國大都如此此可以想其立法之善矣是晨再遣弁同洋將往智利國公幹

十八日晴

午後往觀博物院院為法之富人某捐四萬萬佛郎所締造者也初入院鑿石為古名人以十數計隨登樓樓前楹一巨石云埃及數千年古石也繼為油畫院皆其國古時掌故有爭殺而與之講和者有數百年前買婦女而裸觀

者有為拿破崙第一立石加冕者有與各國戰爭互相勝負者大小以數百計其為夜月初升夕陽返照各景物者野色微茫形狀逼真價尤昂貴更入則羅列古銅器若盤盂尊罍之類亦有似中土古物者次則古時婦女首飾戒指耳環之屬云皆千年前者乃知穿耳之俗西土亦已多歷年所不獨耳畔大秦珠中俗最古已也室中置金剛石二其大者形如雞卵光芒四射云地球三大鑽石此為第一其次亦大如拇指更入則埃及之古棺皆鑿空如人身式其蓋繪人面貌儼如塑人植立骸骨一具不甚修偉色

極黝黑云此數千年前人從地中挖得者又藏有去年與阿洲人戰勝得其君主之冠狀如中國戲齣唐僧所戴稍較高大周圍嵌寶石約二十餘枚大類雀卵再進則拿破崙第一之寢宮路易十三之寢宮路易十三王后之寢宮及畫像蓋亦哦韃亞拏最稱淫嫗之流亞也又路易十八之寢宮今盡以儲其國中古磁至中國器物若螺鈿嵌鑲之坑牀卓倚頗多磁器各色皆備又一院供中土各神像白玉釋迦高可二尺其餘韋馱財神王靈官之屬皆不足異獨至先賢冉有夫子之神位不知何以獨到此間閱其

紀載蓋一千八百年前於中國一廟中得之者噫聖門所稱藝士幾何原本即夫子所手著者今其靈爽豈其隨之西渡故歐洲之創造乃能日精一日耶天數茫茫杳不可即安得一從而叩之哉其他若古瓦器兵器各樣船式各國從同蓋亦無足深觀者一地球甚大天球以圓玻璃為之中為地形旁列日月五星可以運行轉動此則足資考證者也其地球不僅以紙布畫懸之壁間且為平列坡陀曼衍江河低凹之形使人一望瞭然此亦宜仿而行之者也隨往羅弗大店一遊周圍里餘旁通數十門樓凡數重

中間百貨環集分類別門有若街市掌櫃者男女並集彷
佛中土之集場而富麗殆不可比倫耳此通國公司所集
貲設此者無論何人欲稍有存蓄者可皆入股分按月取
息其總管分管各司事由各大股東每禮拜查算一次以
定去取蓋立法善而弊自無致而生也

游各種博物院

菁華日洩鬼神忌覩物知名西人智物生何止億萬計
習尚風行聚珍異雪泥直欲窮歐洲舟車所至汗漫游
宏纖巨細異庭宇鉤心鬬角能旁搜通都大邑固應爾

窮鄉僻壤經綢繆幾如温嶠燃犀俯照之牛渚東坡望海驚奇之蜃樓飛潛動植徧九有古今中外開雙眸目眩神摇歎觀止易地皆然比比是何時何處何物多英德法俄不勝指一言蔽之曰博物快遊那得不狂喜

十九日晴

近日皆云西人但講求商務不知孟子已啟其端其云市廛而不征法而不廛則天下之商皆悅而願藏於其市矣是即言商務也其語彭更曰子不通工易事則農有餘粟女有餘布旨哉斯言通商一途即以其所有餘易其所不

足者也彼此交相易即彼此交相益者也益之在於不足者如人所必需之物來日多而價日賤也益之在於有餘者如惡棄於地之貨去路暢而利路開也且往來轉運之商人又可緣之而弋利是通商者一而獲利者三也况乎三者之外更有富國之一道焉以中國各新關稅則而計三十年前僅歲徵八百萬金耳今乃增至二千三百萬金苟使中國自今日始再行推廣商政即歲徵五千萬金僅指顧間事耳又考中國各關進出口各貨清册或今年進口較多或明年出口較盛大抵不甚懸殊若合二十年而

通計之則出口貨價實較多於入口其出口貨價之多於入口即其入口銀兩之多於出口也至鴉片之進口歲值三千餘萬若能塞此漏卮則積百年之數更不可以億計以西曆一千八百九十三年論入口之銀約多一千萬兩一千八百九十四年雖尚未見清册亦必不少於前年可見中國出口之貨日多即入口之銀日富中國能使出口之貨歲增二千萬金即中國之民歲富二千萬金矣謀國者於此自宜以多設施良法擴充出口貨物爲第一義是故有地而不知用與無地同有人而不知用與無人同膏

腴之地無人播種惟彌望荆榛而已勤儉之人無資本以供其籍手惟頹然坐廢而已苟有資本即有器具然又非尋常耰鋤織紝已也必有機器以輔之機器愈多出貨愈廣地主工人皆藉機器而增利益然又必水則通水道造輪船陸則闢通衢築鐵路無一不通道路即無一不廣利源苟使水路不通則村農禾稼如雲而無以達諸市集時而斗米僅五十錢且無人過問矣彼嗷嗷待哺之鄉願以五金購之而不可得不交受其弊乎若使增造火船火車以通之則利與弊適相反又不但運貨之速也價亦漸廉

生物之人以能廣銷售故雖廉而猶利用物之人以貨多之故愈便而愈喜其廉於是乃交受其益中國本至腴之地又多勤於工作之人惟少創用機器耳似不若暫延西人擇要創開水陸各路以及各新工作華人無不知其益自能逐漸仿行或謂外人得入內地不啻奪華人之口食此大謬不然試思所延西人不過數人或十數人二三十人不等即歲糜二十萬金以五年計之不過百萬金而工作繁興道路四通八達運省價廉貨又精巧中人不購自有之物而猶喜購洋物者未之有也漏卮之塞歲可以千

萬計不特此也中土工廉物衆自用有餘價必甚廉且可

出口而收外人之利夫亦何庸深閉固拒而徒自坐受其

困乎晚七點鐘錢念劬太守伍蘭生舍人回華來告辭數

萬里外瀕行之人翻作送行之人思之不無慨然

二十日晴

泰西諸邦立國雖僅千餘年而善政宏多皆有實效非徒

奉行故事已也即如官之待民從不敢嚴刑苛罰暴斂橫

征苞苴公行簠簋不飭其民亦奉公守法令甲高懸無敢

或犯其犯法者恒赴案錄供如得其情則定罪繫獄從無

敲撲笞杖血肉狼籍之慘其在獄也供以衣食無使饑寒教以工作無使嬉惰七日間有教師為之勸導使之悔悟自新獄吏亦從無苛待之者國中所定死罪歲不過二三人刑止於絞而從無梟示叛逆重罪止及一身父母兄弟妻子皆不相累民間因事涉訟不費一錢從未有因訟而曠日廢時傾家失業者雖賤至隸役亦不敢受賄也國中所徵田賦之外商税為重其所收雖似繁瑣而每歲量入為出凡一切善堂經費及橋梁道路皆撥自官庫藉以養民故取諸民而民不怨奉諸君而民無吝焉鰥寡孤獨廢

疾老幼莫不有養凡入一境其地方官必來告曰若者爲何堂若者爲何院其中一切供給無不周備曰育嬰曰施醫曰禁酒曰自新曰恤孤曰勸和曰訓啞曰教聾皆有專會委員以督理之歷久而罔懈入其境中無鬭毆喧譁盜竊之事有則巡捕立收入獄中使作苦工或數日或數月或數年視其輕重而等差之亦無丐食市廛及無業之民游行衢路者問其故則皆爲恤貧院收入教養擇其材質所近俾學淺近手藝藝成足以自食始令出院則不至無所依賴流爲餓莩此皆由國家給發帑金官紳捐集巨貲

實力舉行不似中土善堂之有名無實也然此皆其流也自其正本澄源言之則凡男女八歲以上必皆向學否則罰及父母國中義塾幾如林立其他格致光學電學算學以及博物工技各等院之足資考證者又不知凡幾故其為學亦易成就也如此則安得不謂泰西政治立法之善乎本日申刻電致宋芸子王省三約來英海口一叙

二十一日晴

辰刻發上張香帥電後思恭薩克來譚三刻是日西俗稱為巴克節謂傳耶穌以是日復生所有各院並停工作店

鋪亦不閙張傾城士女相率出城南大花園游覽談飲爲
樂車茵相接耳鬢相磨大有輔連子佩釵桂臣冠之意園
中無大花木不過廣植各樹馬路四闢而已法人於其中
掘地爲河寬可十丈長約二里其盡處壘石爲山下置機
輪激水作瀑布雅可觀覽園亭小坐茗酒隨啜軍士奏鼓
笳其旁雖異方之樂增人怮怛而臨風一曲亦覺盈耳洋
洋歸途過大清公所一坐遊人並盛園亭中亦置音樂一
部竊謂西人之所以爲此者藉以暢宣其湮鬱之氣求使
民志和樂則上下一心諸務自無不畢舉勿謂樂無好荒

此非其政俗之善者也

二十二日晴午後陰

都隆來信云有船名居斯帶佛然覃者能在海底行走昨特試演於大澳之中當其伏水時船中水手依然極有生機每鐘速率約行八海里又百分里之十或百分里之二十九（華里二十六里有零）其儲電各器又極得法行駛試演毫無火星之漏是役蓋藝員馬喀工頭阿薄為之調度西厤四月初八之夕（中厤三月十四日）巴黎各處兵房大為震動其時各兵初入睡鄉忽傳到武備總督急令悉行驚醒蓋令各兵於

是夕子刻拔隊啟行迫後探悉始知並非真須操演乃欲考各營佈置神速與否耳雖處承平亦當爾爾也所調各兵係第一隊第二隊之帶甲馬甲浮侯沙依第二十七隊之帶盛馬兵萬生第二十八隊之帶盛馬兵散日曼第四隊馬兵狼蒲依也第五隊馬兵武備學堂騎馬砲隊萬生第二十九隊馬兵及雷依都來爾薩篤陀之第四第八十二第一百十三等項步兵本早預備糧食馬料等物候調餉票文憑亦皆寫好出征津貼亦居然領出特不過一紙空文耳首塗車站時刻彼此均已約好連日每點鐘俱有

兵丁登程武備總督河西愛帶同營務總辦低扇爾在邦
丹站視各兵出隊登車當查得各軍應有盡有一切整齊
肅靜惟騎馬巡捕之馬尚未習慣此等事務故登車時尚
有崛強之態耳第二晨河西愛督兵亦如之其車站之用
以運兵者曰邦丹曰薩皐爾曰維來德曰培安西曰浮沙
倈依曰敵日曼曰狼蒲依也事畢復傳諭各軍休息四日
勘界老友法蘭亭邀赴晚間茶會叙譚甚愜

二十三日陰時有小雨

法之征馬達喀斯加島也其水陸大軍甫於日前自馬賽

登舟進發其總統是軍之杜甘司恩提督曾有示諭一道因令譯錄之以見外洋文牘之倒並行軍之律其文曰水陸弁兵公鑒茲當余率領爾等離法之時特以一言奉佈余蒙本國政府選派是差督帶爾等余實萬分榮幸爾等知余為日已久且有多人曾與余共事於阿洲北圻等處爾等之功績余曾目擊矣若者為弁領若者為水師若者為陸兵皆極好之勇士也余於爾等甚為放心而爾等亦儘可惟余是賴今茲之役或甚艱辛然或不至曠日持久爾等素遵約束素勤操練志堅力卓自足以克敵致果耐

苦卻病所有預防熱氣之應驗良方早經安排妥貼俾爾等免沾疫氣而爾等亦當力求潔淨調攝得宜并於一切卻病之法敬謹服辦其各勤乃職慎勿忽蓋軍中無甚病者斯為督帶有方是則區區之意也政府派爾等至馬達喀斯加島蓋欲使彼處之人恪遵約法重睹昇平普沾教化也爾等之待土人須知彼等皆係法國所保護其身家財產爾等皆不得干犯其人若來並無惡意爾等當以友朋相待即被獲於行陣之間者一經拋去軍械爾等亦應秉公接待善為撫循余固不准我兵倚勢橫行虐待該島

之土客人等倘土客人等能為我國出力余益必優待而
給賞倘爾等有不遵號令不守營規漏洩軍情則當按所
過失之輕重以軍律嚴懲爾等其知之提督杜甘斯恩押
法國近造快船名拂里盎於三月二十一日在孛來斯德
地方當水師營務督辦及查驗委員之面加足機力出海
試行水鍋二十個祇用十二爐中每一平方法尺之地位
計燒煤一百七十五啟羅機器得馬力七千匹每鐘速率
得十七海里有半合中國五十六里有零合觀之以上數
事彼族增船造械整軍經武無日不若臨大敵蓋所謂無

形之禦侮固宜有備而無患也

二十四日晴

法國煤鐵之廠巴黎以外沿路開設不下數十百處工人數百至數千名不等其最著名之鉅廠曰科魯蘇地居法國東南一千餘里萬山之中煤井鐵礦並稱極盛法民司内德設廠於此開煤鍊鐵造成各種機器瀛車並代各國造鋼甲鋼礮廠内工匠共一萬五千名每日造成各物甚多皆由鐵路運出八點鐘可到巴黎其次則山沙孟製造廠較科魯蘇稍小工匠約萬人所造亦鐵甲大礮並瀛車

各機車而鍊鋼之法則與科魯蘇相異而尤妙云余乘火車往一遊覽即夜仍回巴黎

二十五日晴

西人男女並重其教例有所謂七等不得通婚姻者已所生之子女及兄弟所生之子女並妻兄弟所生之子女已姊妹所生之子女皆不得婚姻此與中土同所謂中表不得為婚姻也是為第一等女所生之二女或彼此各嫁一姓又各生子女亦不得婚姻是為第二等各嫁一姓各生之女必將更嫁各姓各生子女亦不得婚姻是為第三等

由此推之至於七等而後止蓋謂父精母血生人之氣脈所貫男女同之中表姨表不得為婚者以共一外祖父母也姨表姊妹所生子女不得為婚者此猶是此一外祖父母之氣脈所貫注也此雖條分縷晰近於鰥瑣然不得謂非立意之善者也至七傳之後血脈已盡互通婚姻雖雲孫之子可與雲孫之女同姓而為婚是曾不知八世以上之祖仍是一人也七世之祖猶是胞兄弟也其褻理悖倫不猶之同一乖舛乎是宜定制男子同族雖百世不得婚姻妻族母族盡於七世可也晚發一電上南洋張制軍

二十六日晴

閲法報知中日和局批准未换所議各節每多沮隔爲之一歎近來中國四面皆爲强敵而且鐵路輪舟飇馳電掣環球皆是英由印度北行且逾廓爾喀而抵克什彌爾一路抵西藏外之大吉嶺一路由緬甸之仰江以達阿瓦由阿瓦以達新街已距滇邊甚近矣俄越烏拉嶺歲造數百里將一路由搭什干而抵浩罕一路經鮮卑兒里循黑龍江濱東越烏蘇里以通琿春海参崴矣法取越南已探富良江源經營滇邊通商之路其大道則將由順化河内直

建諒山矣今若果如法報所傳和議則旅順以北至緯綫
四十度已與京師並立而又佔據臺灣門户既失手臂亦
合沿海亦防不勝防將來復興輪舟廣造鐵路利源日絀
其何以為自强之本根也與

聞中日議和將成書寄張香濤制府

火速傳新電須臾遍五洲竟無中立計還借老成謀地
忍膏腴割軍難潰敗收瀛寰爭砥柱尚自障東流
已戰終和局徘徊夜未央無從談得失直欲叩穹蒼憤
氣人撞斗甘心燕處堂五更誰待漏畫諾費商量

二十七日雨

古巴一島向為荷蘭屬地今古巴之民漸有自為立國之勢果爾則美必助之使之亦自立為民主以成合衆之局荷蘭不甘退避則兵爭且起日本必窺伺其後而潛議小呂宋矣中國宜預乘此時議設南洋各領事堅與荷蘭相持彼不允立領事則我即禁止招工此可不煩兵力而易操為自主之權者徒費唇舌爭之恐終不能就我範圍也

由英渡法有三口一由加利至多甫一由布倫至福克司敦一由地爾魄至奴黑文倫敦在赤道北五十一度三十

二分北京西一百十六度二十分巴黎在赤道北四十九度二十分北京西一百十一度按北京在赤道三十九度五十三分則巴黎在北京之北九度倫敦在北京之北十一度矣按法蘭西處歐羅巴西南境緯綫自赤道四十三度二十分起至五十一度十五分止經綫自中國京師偏西百有八度起至百二十一度止自英倫計算則自兀林域趣偏西四度起至偏東八度二十五分止其國負山阻海形勢崎嶇疆域所至北至英吉利與英對峙亦近比利時峽東界日耳曼瑞士意大利德意志而與日耳曼之綠

森德零尼士巴威里亞别登瑞河蘭諸郡邑犬牙相錯其
間山巒斷續峰嶺參差足資表偉南界地中海日斯巴尼
亞及比里牛斯大山西界大洋即比斯加灣全地廣袤北
至丹噶克相對迄其極南境界長約一千九百餘里其極
廣處自巴黎橫核之約一千七百八十三里其極狹處自
吉鑾河至意大利界不過一千零八十里在英國海岔及
比利時峽一帶綿亘一千六百餘里在大西洋徑一千五
百餘里在地中海徑八百五十五里東隅亞爾卑斯大山
徑一千零二十里萊尼山一帶徑三百十里東北隅約八

百七十里截長補短統計不下七千二百里若合哥爾塞牙海嶼計之全境計六十三萬三千四百八十方里諸山悉在邊境中間平原曠土風物清嘉水道縱横轉運貨物亦極便利其山嶺則東南白亞爾皐斯西南比里牛斯二山分脈並入法境形勢由南斜袤向北亞爾皐斯山自熱那海灣至匈牙利西界長一千五百里高一千五百丈比里牛斯山自比斯加灣至地中海長七百五十里高一千一百丈境内山之最高者推砂懷府邊境之阿蘭山高一千四百丈坿近二山竝高一千三百餘丈比里牛斯山分

脈至麻拉列得別聳一山曰尼頭高一千一百十六丈又
分脈至西班牙國突然起峙較尼頭勢尤雄峻自此兩支
歧出漸遠漸平勢若長坡別有大山曰西文歷士乃比里
牛斯支脈所分直達東北至羅慈府之北辣山復轉向北
至都森達河計長一千零八十里此一帶均高不過三百
丈迤邐而西曰布朗特曰杯特珊西二山各高六百餘丈
其東北有山曰渴士遮士亦大山也此外如巴巒特之古
畢拉山高四百七十丈亞爾些士高四百二十丈其北亞
千呢其西北白亞顛尼士二山均不甚高不及百二十丈

不過培塿而已其水脈則東南曰羅尼北曰時英西南曰羅亞爾曰加倫羅尼發源於都伯無他河之水流入其間或云其流長五千里漸趨低淤伏流地中而後逆流而上自北而南至不世德羅内徑入地中海羅亞爾發源有二道一由音德勒一由羅亞爾捨耳分流至音德勒羅亞爾邊境始滙為一然後徑注至非尼斯德拉西隅入海加倫發源於達爾尼流至日倫大忽出旁歧東注羅郡旋折而達於亞列日南隅入海以上諸河皆由東至西而總於比斯加灣入大西洋海國中既多水道而法人講求水利尤

為精切皆視為專門名家之學因是各竭其才智工利開
濬浚河為運道計國中以人工鑿成諸河或達內地或注
洋海或接大江隨在流通如羅尼萊亞時英來尼諸江河
無不可往來連屬所開港道八十三所綿長約七千零五
十三里至其生成河道無不疏瀹宣導歲加修治故水深
流遠無阻塞泛濫之虞每於河海灣岔處迭溴造船備極
穩固以冀招徠商旅其工程之遠大經費之浩緐可謂至
矣至江河新通之路各有專主有歸國家者有歸公司者
均設人員為之管攝開河之法有濬之使深者有闢之使

廣者有攺紆曲為徑直者所用經費視工之繇簡為多寡焉又河流遲速不一水勢大小不定皆視河底斜正為準如羅泥河底漸斜四百五十丈來尼河底漸斜七百六十丈惟邊底有所攔止則可平急湍而為緩流能明其故則治河思過半矣六點鐘接張香帥轉電奉旨查購各船是否精利及詢明琅威理能否赴華効力各節遵即分别確查以便敬謹電覆

二十八日晴

金銀之藴於土中者固自太古時已孕其質採取既多則

銷耗日盛此固自然之理前已論之甚詳今地球之上採穴窮搜實有竭全球菁華之慮計前年五大洲合共出金三十萬一千觔（法秤二十三萬四千啟羅每啟羅合英秤二磅合中國秤二十四兩七錢）合四百九十六萬兩內計美國出金五萬四千一百啟羅澳大利亞（即新金山）五萬三千六百九十八啟羅阿非利加出金四萬四千零九十六啟羅俄國出金三萬七千三百二十五啟羅中國出金一萬二千六百七十二啟羅（合一萬九千零十七斤）高麗出金八百八十四啟羅日本七百二十八啟羅英法二國開採最先出金實已瘠薄僅存無幾英祇出金六十

四啟羅法祇出金一百九十五啟羅此可見地質之所含
孕者僅有此數刻下風氣初開出金尚稱極盛雖竭澤之
漁不必過用杞憂而華銀日形其賤者則以五洲之銀礦
亦實掘不勝掘幾於積可成山中國若專以銀行使而不
鼓鑄金銀銅三品之錢有坐受其困而已謀國者安得不
於此亟亟也哉一法國經歲無祁寒盛夏得氣最為適中
以其在地球北温帶故也其南北邊界之地天氣亦和平
寒暑不過四十至七十度所差三十度耳間有寒熱稍異
惟山谷之中及瀕海之區亞爾卑斯比里牛斯兩山谷中

民間時患喉風因其地太狹空氣不能流通夏時氣候溼熱不堪佛那灣時多霪雨或一日雨至三十餘寸民間以爲災異若他處則無是也計巴黎仲冬得中度三十五六度仲夏得中度六十五六度寒暑之平可五十一二度氣候調和故栽植土物亦易豐收其南北兩境多種橄欖高梁五穀葡萄至於分播遲速隨人無不相宜其花果雜植蔬菜尚有餘可售之英德二國葡萄造酒尤佳若和醲英人名曰白香瓣諸品各國皆重是亦法蘭西一大利源也蘭地

二十九日晴時有小雨

西人講求武備凡卒伍鮮不識字者昨閱法報載一千八百九十三年之德國官報內載入伍新兵二十五萬三千一百七十七人而其中不識字不能寫者祇有六百七十人等語則萬人中僅二十四人亦缺憾也若比較是年法國新兵則法於童蒙之學頗覺瞠乎其後遠不如德是年法國新兵計共三十四萬六百五十一人而不識字不能寫者竟有二萬二千零九十六人則每萬人中竟有六百四十三人矣雖目不識丁者近來漸少一千八百八十九年萬人中有九百八十二人不識字千八百九十年八百四十八人千八百九十一年七百五十五人一千八百九十二年七百零五

人一千八百九十三年六百四十三人而較之德國遠不能及云云此可見彼族練兵先須識字則地輿形勝一切瞭然於心目之間中土倉卒名募百務不知追問識字與否哉宜武備之日弛也法境所出五金石類煤炭皆富亞爾卑斯山巔皆石英花剛青所成瀕海處尤多又產泥版石因與電氣相搏變其形質狀若玻璃頗為可觀山之北隅為歐洲至富之煤鐵礦近來開採不窮其餘各山鉛鑛不多而錫礦最富白英石一種亞獵士比里牛斯西文匿士三山所產皆堅細明潤歐人或重之或用以飾園爐浴室几案器皿或為

墓碑冢碣及紀功坊石人石像之屬每年所出鉛四五萬
噸傾出之銀約十五六萬兩其餘匽哥爾即白銅之類鑄
五金得此則能光采茫加尼士即砂鐵砒霜白礬等均取之
無盡又有一種洞鹽者類中國之石鹽初出堅白如石石
膏皆出巴黎斯近城各處沿海居民煮水為鹽悉用機器
所以事半功倍耕植尤能盡土之利地當溫帶稍北氣候
和平土脈既腴栽培又善秋成豐穫民殷物阜其所種植
如高粱大小麥有鬍胡麻薯芋各樹果實及烟草紅花各
色染料之樹各色皆富贍歐洲各國牧畜皆富牛羊稍耒

能蓄庶惟黍馬最得法亦間嗜馬肉視為佳肴南境亦畜駱駝用載重物價值並昂貴云申刻接張香帥電後約法外部定期往晤並囑慶參贊次日前往預商事件

三十日晴雨不時

麥尚茄法軍來信云三月二十九日（華麻三月初四日）已與屋伐人開戰（即與法國啟釁之一種族類）前往帶那那利佛之大道已通至馬阿薄村該村在培西薄架河之左岸其對面即麥羅扶發距麥尚茄城尚有七十法里（中國一百二十二里半）第一次交仗即在此村法國之阿爾及耳鎗手及礮隊一營由水道進

既抵此村屋伐人即行開礮以擊茄陪礮船但不久即無
聲息向後退駐以避法礮法兵追而逐之甃屋伐人八十
名內一人係屬統領至薩格拉佛一種人本屋伐人所招
致至此即行投降法兵准之惟約以後不得再助屋伐人
是役法兵獲礮二尊口徑十二法寸尤要在得薩格拉佛
人之寶藏即彼族故王之骸骨死灰藏於牛角內者彼族
於死者最為信奉故欲令其震恐與其擒獲生者不如得
此為愈三月二十八日梅石然率領陸兵起程會同水軍
作水陸夾攻之舉擬先攻麥酣拉那次攻麥羅浮愛因而

各船之食水淺者無不由培而薄架河齊行進發法兵與酗氣足逆料彼處平山無人抵禦也且法兵於未至帶那那利佛以前恐彼處即有變故緣島中女主所以與法啟釁者正欲撤去首相首相乃其丈夫是以渠欲去之以便再嫁與年紀較輕者法國之雨終日不盈寸而低野之盈可立以待每歲雨日綜計南約一百二十日中約一百四十六日北約一百七八十日其故因溫帶自南至北下雨之日尤多也自海濱至境內則雨步如英法之海濱每歲約得三十二三寸漸近亞細亞堆十四寸漸遠之海中雨

日最少如法之西境每歲有一百五十二日法之中境每歲有一百四十七日又山地之雨多於平地西北海濱秋雨常多巴黎則霡霂亦不終朝若暴雨迅雷則終歲不常涀也晚發一電約宋芸子明午來英海口一晤

使俄草卷七

延茂之春恭紀

光緒二十一年四月壬寅朔晴雨不時

匝月以來因查核智利各船徵兵借將心力交瘁加以購船要𣪺各節原期以備緩急之用圖補報於萬一念此劉肉補創臣心惟求自矢一遇戰事不得不籲請自任倏聞和議告成中國受虧實多不禁為之憤恨以故體氣亦為之不適法屬之即尼地方來信云英女主維多利亞於三月二十九日十點鐘由即尼起程前赴德之達末斯大德

先是鐘鳴十下女主及其孫女培阿忒利司公主自西米愛行宮乘車而出其時法國護軍雁行鵠立舉鎗爲敬簫六隊馬軍樂工奏天佑女主之樂一章前導有騎馬巡捕五名隨後則守備李里薩克督帶騎馬礮兵十名礮軍統帶米亞爾一百十二隊之步兵統帶西綠兇乘騎分列夾護軍門另有參將拉羅扇爾率兵行舉鎗之禮鼓聲鼙揚旗致遠樂工復奏天佑女主之樂女主下車進站一手扶杖一手扶印僕（即印度人之僕隸也）肩公主則謹隨其後英領事哈立斯尼司總督然排爾尼司府縣官及浮利愛羅愛

扇兩兵官趨前鞠躬致祝平安吉語縣官復獻鮮花二把於女主公主女主等溫言道謝至英德二國現居尼司之親王爵婦以及流寓英商悉來恭送女主旋卽上車樂工又奏樂示敬而車遂發軔離法矣

初二日晴午微雨

法國覃排報論中日戰事一則因節錄之如左云高麗陸地海濱日前兩戰流血甚多雖所得信息尚未足定其情形但反覆推求不難得其指歸長人見識日本整軍經武欲與中國衡量藐茲小國圖治維新蒸蒸之勢日進無疆

建鐵道興工藝蒐軍實一秉西國規模甚至設立議院亦如西人之制崇尚西法固已深入骨髓而中國漠然不動也墨守舊章意甚自得於日人之採用各新法中間亦採用一二則係出於無奈耳其國向來輕武習鍊軍械視為下賤僅直隸練成一軍北洋水師一隊假使此項水師善於統帶則此次戰事定能大建勛勞乃成見太深未能免俗其部下陸軍約三萬餘人並未操練更易亦多緣祇係護京師並非分防遠地海軍如果會合一氣卻敵致勝則可恃者即在於此惟中國政治向由文員主持一切故周

園四面興雷作雹竟致茫無所覺西人見日人之汲汲皇皇原恐開釁鄰邦而華人竟漫不關心毫無準備效驗自然立見不知遠慮武備闕如遂於目前戰事鑄成大錯日本固島國也中國第一要著須與日本在海上爭強獨霸稱雄而其國竟乃不知愛惜兵船與抑兵船雖於夏季會操實則全未整備此真莫明其故矣一任敵人來往自如不於高麗海灣內尼豐海岸（即日本三島中最大島名）起馬坡間大同江口亟肆以渡之多方以悞之日本大營調兵遣卒一如承平時之大操且平壤為第一應爭之地日兵前往如

入異人之境平壤之役人已了然日兵旣不戰得之高麗
吃緊乃始遣師船出海運載幾千之兵送置邊界如丁提
督熟悉營務自應在大洋之西多派偵船俾得消息通靈
而敵人蹤迹可以及早得知如是則調集兵卒安排戰具
佈置陣勢皆得從容爲之計不出此欲護運船先處絕地
舉動艱難所如輙阻遂致開仗之時兩船攔淺蓋其船隊
次序毫無縱橫歷亂以致授隙敵人且全不往前攻擊惟
知勉應敵礮而敵礮固連續不絕丁提爲敵所困處此危
境又不設法突圍以出此固非德弁漢納根所能援計也

該弁係陸軍中工藝出身海上之事非其所知其結局果
不出所料也如牙山如平壤有真學問真技藝者自能勝
任故中國守舊之意一日不破即一日不強四十年來已
受多少欺侮而竟全未領會殆以為人民繁盛心中一動
念而可壓敵人一舉指而可掩敵人與夫論民數之多中
國洵足集兵無數而軍皆烏合不任辛勞不知捍禦蓋緣
其國上上下下皆不以武事關懷故也自來有國者徒恃
民衆不重兵精必有決裂之禍而中國乃正如此觀此可
長人識見矣以上所論雖未必悉是然中國止知守舊不

修武備實爲動中肯綮故爲刪潤存之發一電致江甯上
張香帥

聞中日和議將成書寄張香濤制府

火速傳新電須臾遍五洲竟無中立計還借老成謀地
忍膏腴割軍難潰敗收瀛寰爭砥柱尙自障東流
已戰終和局徘徊夜未央無從談得失直欲叩穹蒼憤
氣人撞斗甘心燕處堂五更誰待漏畫諾費商量

初三日雨

晨起嬀楊虞裳擬一電上江甯張制軍德國新開一河自

季愛爾起程以達東不模斯酣芬經喀德茄峽輪舟計程二日有半必須環繞丹馬地嘴當一千四百年間已有人擬闢一河以通二海傳首路程五分之四並免行船之險即如丹馬國亦在其境內早成運河一道令德國亦闢一河約在兩月之後可任舟行凡來斯維格屋爾司丹間從此得迅疾而過一千八百八十七年六月初三日德皇威廉第一率各大臣並日耳曼列邦委員各部尚書上下議院等行闢工禮節于屋爾脫拿之季愛爾灣曾在彼置石一塊以爲闢址此闢在排爾低格海一邊之河口內時估

得此工為期計八九年現聞本年中歷六月初三日德皇
威廉第三將在原地行落成之禮正符八年之限河長九
十八法里有半（合中國約二百里）水深九法尺（合中國二丈一尺零）底寬二
十二法尺面寬六十二法尺兩端有閘一在帛郎斯皮耽
爾即愛爾帛江口內一在屋爾脫拿即季愛爾灣內閘寬
六十法尺每閘有兩旁毘連共長二百二十法尺河中除
原有之愛覃湖可避泊船讓路外另造泊船之所六處各
長四百五十法尺面寬一百四十五法尺并有平底渡船
十六艘活橋三處上行火車鐵橋一處橋檣距水面高四

十二法尺上有火車道馬車道步行道河身不事裝潢無須穿鑿惟於爛沙各處則砌牆脚所費未溢原估數目約計用金二百兆福蘭但他項雜用亦在二十兆福蘭以外原逼近北海一帶俱建礮台如帛倫斯皮得爾居柴隍納浮格及愛利葛郎島等處是也（此島本屬英一千八百九十年讓德）之所以收併是島者為軍務起見彼稱此新河益處者謂每年經行送特峽之船共有三萬五千容積八兆墩此中必有一半行走此河以船鈔每噸九十五桑丁計之每年進項約得四兆方適得二釐利息其不以為然者則謂船之無

須行走此河者數亦甚鉅況每年冰凍至少亦百日之久
而北海中每交冬令船隻概停若交融和天氣海中無暴
風濃霧樂得繞海而行何必經由是河以費船鈔且未見
可有日期蓋船行是河每一點鐘止能行十一法里是至
少須歷十二點鐘之久三點鐘經過二閘九點鐘在河趲
行故也大將毛奇亦不以此河為然一千八百七十年六
月二十三日曾令議院指斥一千八百八十年在漢博克
行船會中議時意似稍轉及一千八百八十六年議准時
毛奇並不在座當有議紳兩名述毛奇指駁之語毛奇闢

之既不承認亦不抵賴動工行禮毛奇不至蓋彼意以此河無裨商務與其耗此二百兆方徒為防守之具不如添置兵艦廣儲火器可以遠攻也然自有帛倫皮耽爾居紫隍居然排爾克納浮克愛利哥郎等處礮台而此河明明與軍務有裨更可據者現又在內地接開一河長七十法里（中國一百二十二里半）其口至柴特灣以入於海（在德國西北）彼處有維崙阿翻礮台乃德國北海之大戰埠彼歐洲各國於是河落成時各派兵艦前往與前德人造新式火槍成時各派陸軍監視相同意蓋欲鼓動各商船經由是河得以收

其利益至於兵釁一開則此河之為益更大至彼時方能知之耳本日先後發兩電上南洋大臣一由虞寰主稿

初四日申正震雷雨雹酉正大雨

光緒二十年法民之已經及歲應充三年兵役者計有十三萬五千零三十二人加以應充一年之兵十萬九千六百十一人及自行投效之兵三萬二千六百十四人共二十七萬七千三百五十四人德國生齒雖漸加增而每年收入營者僅有二十六萬二千人兩相比較法固篤乎其上也法國駐粵領事官報稱北圻紅江所開二處之煤于

一千八百九十三年運至廣東者計有二萬五千二百二十二噸值銀十萬零九百五十八兩裝運之船共九艘八艘屬瑞典一艘屬英通杜每船載重一千二百噸綫由德商美最時經理觀此則中國礦政安得不亟亟講求乎夜發南洋大臣電論和局事

初五日陰

近數年來各國於行海大加講求而以速率為首屈一指商船固須借重速率而兵船則尤以速率為最要關鍵假使此國有兵船一隊為數不多而行駛頗速彼國兵船雖

多器械亦利而行駛遲緩則此即不必與彼交綏海上而
可徑轟其海口且兵船遲緩者斷不能阻礙敵人商務緣
商船皆有極大之速率故也速率之蒸蒸日上實足令人
觸目警心尤甚者莫如法國之魚雷船隊前此此等小船
每點鐘能行二十海里已覺心意滿足乃一千八百九十
一年都隆之商家船廠所造能行大海之雷船二隻一日
愛克來爾能行二十一海里又十分之五一日喀皮爾能
行二十一海里又十分之六一千八百九十二年哈佛爾
海口工師拿爾芒造特拉公一船能行二十五海里一千

八百九十三年造郎西哀一船能行二十五海里又十分之八繼又造施佛利哀一船能行二十七海里又十分之三以上皆官報信而有徵者也去年英廠開造轟魚雷船二十隻每隻壓水力二百二十噸其式悉如屋爾男一船此船通扯速率能行二十八海里又八分之二目下水面之上國以此船為最速但不久又有駕而上之者因拿爾芷現正造福爾旁魚雷能行三十海里業已算準與隆地火車之能行五十五法里有半者正相符合一法里即一啟羅邁當啟羅即千字之別名一啟羅邁當猶言一千邁當耳一邁當合華尺二尺八寸如此速率尚未有

一國設法辦到也止此四年之間而速率竟增十海里可見雷船進境之速出人意表矣究其所以得此明效者以其配用新出之五金材料而又加以器械之力銖兩悉稱也向來船殼純用熟鋼令福爾旁一船所有船槽船板大半用半硬之鋼故較為輕靈堅結船殼薄而分兩亦減也至船中雜件拿爾芝攙配以鋁（此字見上海製造局化學材料中西名目表按鋁之一物潔白如銀輕而耐久遠鐘之殼每用之）緣鋁與鋼較計每一立方生的之鋁祇重二格拉姆九十二而每一立方生的之鋼直至七格拉姆八也（一生的合華尺二分八釐一格拉姆合華秤二分四釐）至於機桿之一

千二百匹馬力者每分鐘能轉百次從前已稱極快今則能轉四百至四百五十次此魚雷船速率之情形也大船速率雖未見大加然亦漸異舊觀從前甲船能行十四海里已為極佳近今英國最大之船名祿沃耶爾蘇佛來者每點鐘能行十八海里法國之新甲船如沙爾麥爾耽爾查來其孛黎其速率則更過之目下商船祇走二十海里則截擊商船之大號快船每點鐘能行二十一海里洵已敷用然而各國猶以為未足尚須更進能行二十三四海里者美人頗於此意占人先著因見行走大西洋之法公

司如麥石司低路兜祿尼克都來恩自歐至美通扯能行十九至二十海里故以為海軍中之快船必須有二十二海里之速率方可追截商船云其速率更大者英之岡叭尼阿船試行時能行二十三海里又百分之十八通扯其行海里時候約每點鐘得二十一海里又十分之一有時或至二十二海里又百分之八十三其吕喀尼阿一船速率殆堪伯仲更有善者英國近造一商船碩大無朋據聞壓水之力有二萬二千噸機器馬力可得四萬三千匹加力試行能走二十七海里尋常緩行能走二十三海里有

此速率之船如遇戰爭用作郵船或作快船之輔則於商船大有裨益也緣快船亦可保護本國商船之故以今各國海軍現用及正造之快船而論罔叭尼阿呂喀尼阿實可睥睨一切其可與角勝者惟美之新式快船似有幾希之望內造成第一隻船名哥隆皮阿美報謂其新近試行速率之大竟出望外因此飛拉覃爾飛地方之克郎撥廠竟獲所許之獎三十五萬元也試行時曾得非常速率每點鐘行二十五海里又百分之三十一似大號快船之速率惟美獨得先聲為各國冠豈知哥隆皮阿一船於極大速率外更有精

足器械能禦敵大裝煤祕法足備一百零五日之用每點鐘行十海里光景共走四萬七千法里可以無須添裝煤塊也若論是船速率則美國海部侍郎曾語人曰苟有快船十二同此速率而保護商船之法仍如現在情形則不拘何國商務皆足以摧毀無遺并無論彼國索賠如何凶很甲船如何猛厲而自足使之無從攻我也云云夫以同類之船造成尚須時日哥隆皮阿實爲有一無二所惟小魚雷船耳然力量薄弱行大海中須風平浪靜方能追及總之船行之速率實無止境果能配合各國鋼鉛及他

項財料實得至輕之質極大之力以馴至於經久耐用更深求水之阻力機之進力油汁代煤汽鍋佈置之妙其所造又安有窮期乎

初六日晴

法國海部於去年起將戰船上中號大號口徑之礮盡行改用快礮凡北海地中海之船葉經陸續回鴉在製造局中提裝快礮查此項快礮已裝於極東海面印度洋面之船矣一則停泊中國藉壯聲威一則駛赴馬島以資征討但祇除舊更新尚嫌單薄故擬於霍乞開斯之梅花礮外

更添馬克綏拿鄧飛得之快礮馬克綏礮爲近今最精最
凶之器德與二國水師已有此項礮位而法水師亦當於
一年内備齊是礮共有礮膛十具裝藥裝彈皆有活筩每
分時能開十響足抵五十人每秒時中開快槍二十響藥
彈即用格拉及勒培爾槍之子子儲礮架之内計有二千
八百八十箇祇須一動礮架其子自入礮門海部尚書欲
令船中礮手熟習其法故令五戰埠各派人員於去臘初
一日來至巴黎每水師船廠各派正副礮弁二員在水師
總廠中學習馬克綏礮之動法配法拆法及收拾法學成

後給予專照各歸本職即委其在軍械所及戰船上教授
各礮手以行新法晚八點鐘龔星使自英國來巴黎晤話
良久始寢

初七日晴

大凡行軍必得詳準之地圖使將弁士卒以下無不瞭然
於心目之中乃可以出奇而制勝若圖之比例過大則山
林水道等不能逐件詳列地面各物不能詳載於圖若比
例過小則圖中物事過多者亦足令閱者不能清晰故統
兵之帥必詳考地圖方知打仗之法非惟能預定移兵之

兼若何前往在某處與敵交鋒並能多用何種兵如礮兵馬兵步兵工兵之類假如山路崎嶇則不宜多用馬兵平原曠野則宜多用礮兵既定何種兵則軍料何者宜多運何者可少運皆有成竹在胸乃不至臨事張皇按華兵多不識字凡地圖宜以木爲之使高者爲某山低者爲某水圜而圖者爲某城邑平而廣者爲某大道亦俾其心中了然於進退曲折之數始貿貿然往者徒使之慘罹烽火也又每營宜有蒙師教之識認文字每日閒暇則講明性學並

聖諭廣訓諸書昔王壯武行之均有明效故其營中舊部多出名將云

初八日晴

越南之役上下皆知非創立海軍不足以出奇制勝十年來添置巨艦建設船䲧祇以運用無人不能爭雄於海上徒使株守門户坐困窮島方伯謙既敗律於前劉步蟾復失算於後事機之失噬臍已晚是非船礮之不堅利於倭人實則管帶駕駛之無其人也月來再四探訪欲得一善用海軍者俾之教練各船更得諳練陸軍者教導諸營先

練膽氣更習技擊其亦或者亡羊補牢之一助乎巴黎之最著名書院凡十八所其最先創建者名栥呢滑塞特棠闔整麗冠於歐洲往時土民之亂一切館署多成焦土而此院亦因之遂廢亂定復興文教特立總理書院事務衙門遂選大臣十人總司厥事就中舉一人為首而餘為之輔此外復擇九十二人贊襄其間依次巡閱糾察書院乃得以復舊而規模益加宏遠院中教授學業分為五等一技藝二經史三教理四律令五辨識藥性遠近來學者負笈齎糧惟恐或後學成而去者名譽亦遂日起其次則哥

勒取因比黎抑里與摩西特希式多里那査列兒博物院
並在一處同門而異室再次曰顯理第四顯理第四法王傳國之序書院
因即以其名名之西例多如此類曰波爾本曰魯乙士黎瓦蘭曰査理明
曰依科力波黎得取匿曰聖雷士曰依科力晄德拉黎曰
依科力那麻黎曰依科力特本抑左西曰依科力特米乃
士曰依科力特査特士曰依科力特郎屹士荷里恩打耳
維完德士曰依科力特亿麻些曰依科力凡拉卒特持德
星曰麻題麻特曰依科力士別石立曰巴黎斯亦依科力
曰依科力域特安乃立以上皆其最著名者其餘小學星

羅基布不能枚舉院中一切規程嚴整都人士靡弗佔畢辛勤力求淹博於天算輿地格致機器諸學精益求精標新競異者指不勝屈為師長者尤必精加甄别始得與於此選無濫取無徇情就目前而論歐西文學實推法蘭西為巨擘故列國商家多用英文以英人通商最早且最廣也公牘來往皆用法文以法之儒者最稱博雅也此外更有藝文會或曰緐術院然其所習實不止術藝而已其名曰會者以有人總司其事也法人謂文學之事大之足治國理財小之足資生製器特於巴黎設立總會會中為首

者約計二百人薄給祿糈稍足酬勞而已外尚有四十餘人自顧不受俸薪餘則襄辦三十六人躬親細務者二百二十人以故責專處密訓迪有資會中分彙有五曰亞格得尼專習詞令曰亞格得尼别列列達專習文辭兼攻考據曰亞格得尼得賽恩士專習技藝其中區分條目凡十有二門如醫學數學格致學藥學機器學各務專精求通理要曰亞格得尼特布過士專習匠事丹漆雕鏤製作音樂必窮精良微妙之境而後已曰亞格得尼德賽恩士壓拉黎士抑波黎特講求經濟攷察律令以通制度典章之

要此五端乃其大者至於外會亦歸總會經理如考求遺聞往事則有安特瓜里恩之會崇尚博學廣問則有飛囉麻狄之會講明格物致知則有拿查辣耳希式多黎之會詳究地理與圖則有依阿格拉飛格爾之會審察各國風土民情山川人物則有式達特士特爾之會攷治百工材藝則有飛囉德取匿之會專講亞細亞洲事會緜變之數則有亞細亞特之會專講剖割人物（凡人物有患病中毒死者例得割剖驗視以審知其受病之所在西醫中有此一端然亦必其人自願捐軀乃可李特珍本草木乃伊之說殆即由此傳聞耳）則有亞拿多迷格爾之會辨別耕種播植則有亞格黎格

耳查拉爾之會其他若賽畫會賽花會賽馬會無不各有會場先期布告各新聞紙屆時遠近咸集藉以講求其孰良孰楛孰姸孰媸孰宜寒孰宜熯孰可轉移孰為定質其優者例得獎賞並載之新聞紙俾通國咸知以資鼓勵下至豢養牛羊以及各色犬類亦莫不有會宜其碩大蕃滋為中土所不能及也西人耕種皆用馬牛惟蓄之使供食料而已有大至千餘斤者犬則法人無論男婦皆好蓄之出入皆攜以行凡蓄犬亦例用納稅種類亦不一而足有高可五尺者有小僅如貓者亦有拳毛如羔羊者甚矣西

人之諸事認真有如此也未刻接南洋大臣張香帥電知

奉

電旨赴法外部籌商事件申刻發兩電一上江甯張制軍

一致台灣唐署中丞

初九日晴

軍行必得廣大寬平之路庶使運糧運械兵行齊肅而護

衛亦易若山麓陡絶必須糧裝馬背而行則排列之路既

長而呼應亦恐不靈惟用鐵路則為益甚大即如某省統

領傍晚發令聚集輪車之處千里内外黎明即可到齊即

或兵多可先運第一起兵丁接續運第二起第三起接鐵路一條汽車隨用多少一副汽車可運各種車二十四至三十四為一尾車每一點鐘行六十里至七十里不等此為最穩尋常人坐之車每車可容兵三十二名運馬之車每車可容馬五匹運牛之車每車可容牛六匹或八匹如步兵之制每營七百人營官哨弁及長夫等一百人行李五六千斤軍料七八千斤約計一副汽車可盡運之馬兵每隊用馬百二十匹一副汽車可運馬兵一隊礮兵每一礮並火藥箱粗件之棲車裝之或裝一軍每營之礮共六

尊並軍火人馬一切須用兩副汽機每副汽車之尾車三十至三十三四而止步兵登車止費一刻馬兵一刻十分礮兵二刻可盡登車歐洲諸國鐵路每一點鐘可發八尾車每隔七分半時一尾車起身太少則恐後車與前車相接肇禍也法國最重讀書不特文章彬雅甲於歐西即藏書亦罕與比倫巴黎書庫大小計數十所其最大者擺孛黎荷蘭基陰比黎抑爾里岐整雄麗內儲印版書百餘萬冊鈔寫者八萬冊輿地圖三十萬幅別有鑄版書八萬冊（西人書籍均以活字版排印此則以鉛鑄成書版恐久不敝印數十萬部亦不至漫漶）銅版畫譜百

四十萬方其內設有几案凡遠方遊學者均許入內借觀
隨時鈔讀惟不得攜出及點污耳又有金銀錢丈寶星模
樣十萬種亦藏庫中此外若亞森乃爾內儲印版書二十
萬冊鈔寫者六千餘冊曰葳日尼域維內儲印版書二十
五萬冊鈔寫者三千冊曰麻沙林內儲書與上二處畧同
曰拉域立書五萬冊曰千些爾特黎伊達書八萬冊曰伊
哥立特密得生則專藏醫書計三萬冊曰模西特式多黎
那查勒里則專藏古書亦二萬冊此皆其國家所特設者
也其餘私家所藏猶不止此若軍械局有印本二十二萬

冊酬勤堂有印本十五萬生物園有印本三萬五千醫學院有印本四萬冊至於國庫中藏書百四十萬冊鈔本書十二萬冊此則人未易見者也計古今各色大小書一百九十萬種可謂富矣然以上皆秦西文字惟素波拿書庫專儲中國書籍三萬冊經史子集畧備目錄三卷昔由博士儒蓮主掌今歸沙曼理主掌晚發江甯台灣兩電一上張制軍一致唐署中丞

初十日晴

邇來銀價低落有人乘機在西班牙地面將法國之值五

佛郎銀元倣效私鑄其銀質成數均照法國所鑄毫釐不差而花草式様亦與法國如出一轍即老於銀務者亦莫辨其孰真孰僞也聞此項私鑄銀元運入法國使用以現在銀價計量約每枚可獲利一佛郎可見私鑄徒輩隨在皆有正不獨中國爲然也惟彼邦終不因噎廢食且其作僞亦銀色具足絶不少滲雜低僞是則終不可及者也夜接南洋電信比因心緒錯雜由虞裳主稿電覆

十一日陰微雨

新聞紙之設原仿自中國邸鈔意在通上下之情達彼此

之意傳之遐邇無間君民法自一千五百三十一年法王
法朗蘇亞始設印書局一千六百三十一年法王路易十
三始設京報迄今巴黎一城新聞之紙無慮數十所有官
事有商務有天文有地理有雜學有教務有天下各國政
教亦有己國一城一邑一鄉之瑣屑細事更有專資譚柄
供人笑噱者各局或每日一紙或每禮拜一次多者刷印
至十萬餘紙幾於飈馳電駛不翼而飛蓋欲使庶民清議
不壅於上聞也聖人有言天下有道則庶人不議非不議
也政治洽於民心亦安所訾敖乎今日者歐西各邦新聞

紙幾於數千家考其所載皆上足關政事之得失驗國運之盛衰下以述人心之是非察風俗之純薄而山川之形勢物產之饒嗇地土之腴瘠亦於是備焉則安得謂非善法乎現計普報一千七百三十九家英報一千二百六十一家法報三百九十八家義大利報三百四十三家奥國報二百九十一家其餘各國約又千餘家苟非公論所繫其何能持之久遠而不廢如此已刻發雨電一上南洋大臣張制府一由南洋轉電總署午刻乘馬車遊各處山雨忽來因至大清公所茗坐半時而回

步行樹林深處登城舊址旋至大清公所茶室賞

雨

幽林夾道護通衢緩緩行吟入畫圖暢好樓臺開境界

偶然茶酒破工夫山城翠擁烟光活草地青隨雨意蘇

恰喜平生雙蠟屐歐西延眺此雄都

十二日晴

西人所用寒暑表不徒醫家用之有功而且有功於格致

之學蓋積數千年之人之心思考察而成之者漢武帝時

有亞勤散得人姓希魯者造一種測空氣冷熱之表其管

中之水能日漲夜落因冷熱之故也當時人以為奇而未考其所以然之理明神宗時意大里醫人珊克安里因希魯所作進究其理作一空氣寒暑表以驗人身發熱之據數年後荷蘭人妥累勃拉非作一表用空氣顯之但此種空氣俱藉玻璃泡中之空氣因冷熱而縮漲或因管外空氣壓力之大小而定其數故衹能指出空氣冷熱與疎密之和數而不能獨顯空氣冷熱之數意國佛羅斯書院中有人以濃酒代空氣而作一寒暑表其所以用酒者不因其空氣之壓力而有漲縮也復於外面立一分度之尺使

冷熱漲縮之差有數可紀然只任意爲之未有一定之法尋有人試得地窟中深處之熱以爲必是地球原熱之度後如不然有葛里給者知水結冰時之熱度有以水成冰之時爲寒暑表起度之處而分度之法卒未能定嗣有奈端法倫海者以水銀代酒又考知水之沸度能因空氣壓力之大小而改易後德葛羅等將表置蒸氣之中而後所得之沸度始準此水沸之度隨空氣之壓力而增減故法爲妙也本日接總署蒸電錄奉

諭旨有與龔使會辦事件因偕仰使約會法外部哈大臣

不值復嚼慶祭贊常再往夜覆總署一電乞代奏

十三日晴

西漢以降有所謂家兵親兵屢載史策後漢之朱儁三國之呂虔晉之王渾皆以家兵卻敵取勝明代劉綎李成梁父子皆以募練家丁立功邊塞而楊洪王越沈希儀馬永馬芳梁震滿桂侯世祿侯良柱趙率教金國鳳等亦各豫蓄帳下親兵健兒俱載明史夫所謂家兵親兵者數必無多然簡擇精而呼應靈岳飛韓世忠號稱名將實賴背嵬軍之力戚南塘慣用浙人亦因其素所習練也今事急則名募

事平則又遣散不惟兵非素練不能以之制勝即有舊練之兵抑且與其將不相習非徒耳目手足之不相衛也心思不洽不知將之情性勇怯推貿貿然從之以往如是亦安可一戰乎或曰中國三十年來豈無素練之兵然厚其餉糈聯以恩義上無刻覈下無偷竊是在將之善為撫綏耳非徒技擊坐作之為金鼓喧闐遂足云教練也日間連接南洋大臣張香帥兩電

十四日晴

飯後乘馬車往觀議院院分上下與英畧同而宏整壯麗

過之按法自與普戰敗朝野倉皇幸議院有人曾定大政
高利無窮者四一與普立約言和一平都邑之亂一不納
前王之裔一復民政之規易危爲安厥功甚偉時惟遮亞
力戒興戎既敗之餘以爲具有先見遂以長議院領法國
再議散院而巴黎亂作議院遂各有黨或主王政或主民
政主王政者多阿良波旁拿破崙三都以敖阿良波旁兩
鄰會推尚佯爾而日羅利殊不謂然後復欲興阿良及麥
首領在位十年之議又嚴立民政之條以絶波旁拿破崙
兩黨而立法過嚴適以自斃譬之閉戶塞竇鎔鐵自封人

莫之入己亦莫之出矣尋定麥馬薛七年之例而拿破崙黨欲迎立拿破崙第四幾成而未果數年之間議院長凡三易曰哥勒位曰畢費曰阿的乎當時議員監必得有敵時之策云一法國取稅之經頗困商賈向稽無遺國用仍形不足不知取諸關津不如取諸都市取諸商賈不如取諸富人富人坐擁厚貲視商賈之不遑家食者有間矣宜籍中戶以上歲令輸金有差以償國債一謂宜嚴保甲之法按戶抽丁調營訓練凡我良民悉成勁旅一謂國裕人才宜廣學校重師儒毋使教人黌鼓其間所論皆深中法

之弊政而裁抑教民反之正大尤歐洲所宜急講者矣夫泰西列國至於今日其立政之善幾於中國昔時官禮之精是誠未可厚非而溯厥當時乃至列國君主皆需教王為之加冕沐膏隱操廢立之權列國幾於惟命是聽而教人乃益橫至謂教王口操天憲出一言而無敢非之弑君后蠹法令罪罄竹而難書幸英人先覺首先背之普人路得復創新教以闢之而出奴入主誅伐焚戮是何異拒虎而名狼也則終以無明聖人之道以道之者故去年法猶有教黨刺殺其首領之事以泰西讀書而論惟法為最盛

而維持教士初惟法為最專抑其所云書者皆於綱常大
義然歎闕如之故耳今幸普法之戰法收回保衛教士之
兵而意大利乘機而復取羅馬即法人中有監必得為之
先知以抑其權刻雖未能盡反之正道而一二能讀吾中
國聖賢之書若法人沙曼理之流亞亦自云幼時聞所謂
耶穌者係屬好人理當奉敬而已及長而讀其教旨之書
並兼讀孔孟之書始知孔孟所言綱常大義其理平而且
正此乃歷之萬古不可磨滅者也誠如所言中庸有云凡
有血氣者莫不尊親大道之西行其殆即在目前乎不遠

之復矯其偏倚而使歸諸大道將在是矣午刻接南洋大

臣張制軍轉電奉

旨專赴法廷探商事件亥正又接柏林電云署電本日已

照會日本展緩換約之期由美使電倭希告俄德外部並

電龔告法復發一電致上海劉觀察

十五日晴

晨起發兩電一致總署一致南洋大臣張香帥連日因和

議條款離奇太甚心緒不舒飯後邀同楊虞裳部郎潘慎

初太守徐蕘塏廣文遊觀城南大花園茶坐大清公所復

登鐵墖用機車升降車若小室每人費四福蘭凡四易車其最下層爲加非館最上層爲電報館每上一層則人物忽小一倍視巴黎一城殆若方罫賽納江流如飄縞帶仰念時局低維身世茫茫四大百感交集洵有如柳子厚所云登高欲自舒彌使遠念哀者乎歸途遇白衣女子甚夥按耶穌立教之書約止六部凡男女自幼入塾皆教以拼合字母及五洲輿地諸書并筭算諸法外此即須帶讀耶穌之書讀完後即由各教師神甫帶領至禮拜堂然燭唄經受誡及以手畫胸前作十字勢有似中國僧尼必受戒

牒乃可挂錫他寺故西人子女於此恆兢兢致意蓋必至此書名冊籍乃可過禮拜日至教堂禮拜不然便不得嫁娶以嫁娶日須至禮拜堂行禮也西例嫁娶須驗國家名冊及教堂名冊乃準行成婚是日男孩則以白布纏其左臂女子則衣履巾帶純用白色西俗女子衣用純白者止有兩日此日及嫁日是也故視此日為甚重又女子嫁時至禮拜堂受教師誡後至父母前奉手畢夫婦即相攜而出閱數日後即遠游各國或半月或旬日乃回其父母姊妹姻戚皆來送至教堂行禮姻戚朋友並餽遺道賀每年止此數日本日適值天朗氣清稚子齠鬟至各家拜客致謝者絡繹於途宜教門之權力甚大也以余聞之僉稽禮諸人

所云似甚佩服孔孟所言皆質實平易而義理卻精深顛撲不破乃千古不磨之大道若耶穌之書則無甚道理久當不敵聖道耳法人沙得理阿乃司亦云然申刻發兩電一總署一南洋大臣

十六日晴

法人與馬達喀斯加島交戰一事昨接電信云法水師至該島後即會同陸路兩軍提督梅石然首先奮戰奪得麥羅復愛要隘及盎扒利拉發一路將敵軍分兩路截斷敵人盡向東南遁去所有大礮快礮及衣糧一切委棄無算

法兵死者一人傷者五人而已徐義塏教諭持法女子若恩照像來屬爲傳其緣起題之左方因備錄之法有奇女子名若恩者姓達克氏法之亞爾格部人也生於小家幼嘗牧羊風鬟霧鬢獨居未嫁法俗尚淫靡而若恩獨貞靜自持一千四百二十二年年十九會法國大亂英王顧理第六遣兵來攻拔其都城羅爾河以北皆叛降英法王子遁於舒囊英人渡河而南圍阿連斯七閱月此城下則法地盡矣英軍士沿途焚掠甚慘女目擊心傷不顧身一弱女子欲爲國家成再造功意上帝必助之乃攘臂大言於

衆曰上帝命我迅克强敵爲汝等除害衆聞而馳笑女益堅自任語益播有信者導入見法王時王子求復仇與英戰輒北收孫軍自保聞女至大喜遽見之以爲全軍督賜以旗繪天主像於左方女戎服登壇慷慨誓衆時阿連斯受攻甚急城中食盡女疾馳往援檄英營速撤兵不然盡戮毋悔英軍聞之張兩甄爲左右翼爭欲得女陣遂亂女率精騎趨中道敵驚顧女返騎疾擊步兵繼進呼聲動天地長驅入城給兵食城中人聞女至皆歡呼勇氣百倍守益固女時出奇擣堅所當無不披靡戰酣爲流矢所中墜

馬下一軍皆驚女忽躍據鞍上自拔箭鏃裂布裹創驟馬入英將麾下搴其旗還前後數十戰無不捷英人懼撤圍去軍中椎牛饗士建元帥旗鼓將校持戟擁冠為壽皆屏息莫敢仰視轉戰三月屢覆英師擒大將岱爾伯克復侵地諸已降英者皆望風來歸法之兵威大震越七年迎法王至蘭士蘭士已為英路閒女至夤夜遁去遂立法王子為王行上冕禮號查爾斯第七封女貴爵列於上卿仍以戎事委女越明年女往解國比尼圍衆寡懸殊法軍潰女殿而退奮力獨戰敵勢挫然猶遂尾之將入城門閉呼之

不應蓋鎮帥妬其功特餌之於敵也女突重圍出為白艮
部人所虜鬻之英英人以手加額稱為天賜因之土窟一
年賄教院誣以妖妄罪不赦拔烈火焚之死揚其灰於塞
納河後法王以若恩捐軀殉國賜爵其家列於貴族建碑
於阿連盧昂兩郡勒其功傳之不朽每歲逢女誕日諸士
女連袂踏歌為祝冥福兩郡中張燈徹夜不絕蓋四百年
如一日今日正其誕日也夜接南洋大臣張香帥電知中
日和約已換事敗垂成為惋惜者久之按前日法報載云
法政府因中日和局未定已飭令帶時斯反克斯西爾稱

須扇四抉船裝足三箇月煤糧準備起程前赴東方勒令日本不得侵佔中國地面嗣聞中國已經畫押又有倭人至法陰阻之者遂令暫緩起行事機一失噬臍何及興言及此可勝浩歎

接電報已換台灣割讓之約唲然書此

獨自騎牛遠過關台澎已在有無間事機一失成流水生面重開待轉圜畢竟讓誰當柱石劇憐如此好河山須臾稍緩能堅定縱使臣庸主未孱

十七日晴

連日約外部會晤不覆夜間感憤不能合眼起坐數四稍受寒頭眩周身骨皆酸楚重服表劑得汗稍觧冀仰使回英强起送之行自念身羈數萬里外千鈞一髮關係匪輕違旅雖還台澎不復行或使之止或尼之此其中殆有天焉行人頻作送行之人豈初念所及此凭闌四顧不禁憮然晚間查掄先孝廉以歐西航海圖屬題勉成一律二鼓接南洋大臣張香帥電轉總署來電欲再赴法外部籌商事件竟阻隔不行惜哉

題查掄先孝廉歐西航海圖

天水相連繞地球歐西何足盡遨游瀛洲路近君應到

宦海帆高我未收放眼滄溟供一晌側身今古有千秋

無妨鑿空開圖畫看取圖中認得不

十八日晴

中國養蠶之法見於禹貢詠於風詩詳於月令諸書其後

如賈勰齊民要術十卷陳旉農書三卷秦湛蠶書一卷元

時官撰農桑輯要七卷魯明善農桑衣食撮要二卷王楨

農書二十二卷徐光啓農政全書六十卷沈氏農書一卷

楊屾豳風廣義三卷劉祖震椽繭圖說二卷鄭珍樗繭譜

一卷鄭之任農桑易知錄三卷有兼論者有專論者然或
宜於古而不宜於今或宜於南而不宜於北惟
國朝欽定授時通考一書蠶桑一條分十子目能集諸家
之大成外此若沈練之廣蠶桑說言種桑法十九條飼蠶
法六十六條蓋公一家之中自孺人以至子婦皆業蠶桑
故能詳盡如此其大端如留種醃種布葉搭山諸法可謂
無微不至然其擇種但於蛾出時揀去拳翅禿眉赤肚諸
病蛾法人郎都近創育蠶會則用顯微鏡測視蠶身凡蠶
身之有黑點者即剔去之如是則食葉同人力同而出絲

較中國恒多三倍可謂講求精細大有功效矣今中土養蠶諸家似亦宜各用顯微鏡一具察視一切勿俾西人得以盡奪利權也

十九日晴

晨起閱中國新聞報紙知漢上蕪湖一帶三月初一日猶復積雪嚴寒查中國出口以絲茶兩項爲大宗近日外洋日事講求方且思盡奪我利權而此兩項尤賴天氣和暖得以稍爲爭勝今復有恒寒之歎吾恐出口者益無起色矣然則欲求商務之興蓋絲茶製造非設有專官教導及

創立各種書院不可夫子之言曰民可使由之不可使知之孟子之言曰制其田里教之樹畜盍其奈何弗講也哉

午正偕從官至武備學堂一遊法在歐洲兵力之强雄視列國蓋由其設立武備學堂練習訓勵素有軌度故其統兵弁目皆雄毅好謀長於韜畧陸攻水戰之法無不曉暢又其俗人人喜尚武功慷慨激昂臨難不顧其在軍也寢干枕戈有漢新息侯馬革裹尸之概該堂地勢敞朗空濶一望平遠留餘地為演武場用以備兵士操習技能止齊步伐所建堂宇樓閣宏壯巍煥者不下數十所華貴之室

其下備有水道聚水盈池猝遇鬱攸立可熄滅其工作之
巧土木之奢在地球列國中固無有如是之喬皇工麗者
矣未刻答拜思恭薩克不值

武備學堂

有備方無患堂堂水陸師承平文事尚濟變武功宜德
藝成均地英才教育時赳桓冒兎意華夏讓諸夷
立法期無弊綢繆在未然程功西學重得力幼童先十二
歲以前無論王侯子弟皆入學堂　韜畧論三六英豪聚萬千時艱誰補
救製造有新編

憂盛危明意歐洲若是班波濤容測海霹靂許闢山戰
法師黃帝心機亞魯般升堂原一樣屹立德英間
侯服頡頏稱王（法本侯服自拿破崙第一始稱王）多年克自强分曹官十
部合衆約三章丁壯皆兵籍輿圖寫戰場幾疑參仲氏
有勇且知方

二十日晴

法國新聞紙云中國此次所賠兵費須告貸於歐洲市面
固嘗就教於俄法德矣馬關之約實賴三國為之爭回遼
地但兵費一切須費周章今中國並無債欠即有亦甚希

徼且其待債主也歷來甚好是其好處不可淹沒但目今借款覺核其地土所出與其民人似不相符合耳中國皇上所入僅恃海關每年約一百兆方亦止幾分之一耳其餘所缺者作何計畫乎意者，皇上將責之督撫督撫責之下屬以應此急需耳然此究非正辦也竊以為莫如節省各項用度並許招商開通各處鐵路庶使各省有餘之貨可以行銷外地則關稅必有起色創口乃可合㧞其尤為緊要者在改易官制中國官制祿入既薄而酬應過多即衣冠與從一切所費不貲雖

不能盡行仿效西制亦宜自為改趨簡易為大僚者務以節儉躬行率其屬下出款既少則一切濫規自不至貪贜從事而辦事亦易結實免至侵漁多方不然則議捐輸議息借議加稅皆徒困苦其民而已云云噫中國若能因而及早省悟減省服飾制度以節其流更開通鐵路廣興商務以濬其源返貧弱而使之富强固亦非甚難事也已又云近日法國於本境地面開通新河漸見成效頃又定造頭等快船數隻二等快船數隻歐洲近日各國方敦和睦共思保全太平之局而增船置礮各為岌岌不可終日之

勢蓋寓隱寓攻戰防守之意於未事之前以有備作無患之思以可戰爲不戰即以不戰爲戰宜其日富强而莫之能禦也午刻接南洋大臣張香帥電諭德法近事

二十一日晴

阿爾及耳乃阿洲之北境法屬地也附近地中海最爲繁盛之區法人多挈家往居其地惟迤南沙漠横亘一望無垠絶無片蔭滴泉可少憇行旅因試以西人鑽地新法不論何處均可得泉鑿井務深不甚費力名曰亞低井蓋法人始創之於亞低地方也其地頗厚必鑿至五百尺或一

千尺始及泉當法人初鑽地時回人頗笑之既而鑽甫畢水由地湧出約高五丈餘汩沸有聲回人乃復驚而異之今新疆一帶戈壁水草維艱經左文襄劉毅齋諸公經營擘畫鑿井於大道之旁者以數十百計是亦何讓於西人之智慧也哉未刻發一電覆南洋大臣張香帥

二十二日㬢大風晚大雨

鋁質之護身甲法國火器庫中早有一具藉資考驗今政府復欲其加功細心再行試驗是否身衣此甲而刀劍之鋒皆可抵敵足使無稍損傷若鎗彈則無論何甲皆易穿

破然或斜行滑過亦可使身上無傷但未知再有何法可禦鎗彈否若止鋁質加厚未免分量過重恐臨陣之時必難馳逐技擊可以進退自如也西人精益求精安知不將來更有可以禦之之法令人匪夷所思耶晚發一電致上海道劉康侯觀察

巴黎竹枝詞

車近平林已出城無門有軌任縱橫法京早無城僅猶存城門舊址

存古意留形勝公所當前認大清出城即大清公所今為加非茶室

使館西偏近教堂按時鐘響報丁當每逢頂禮深深拜

手指心頭色亦莊

大好夫妻配自天更從天主證因緣焚香燃燭將經諷

信口喃喃雜管絃

天堂無路那能升恊利超生萬不能拉得銅館先進寺

得真解脫又何曾

品茶隨處有加非士女如雲逸興飛時過三更聲擾擾

參橫斗轉不言歸

暮色蒼茫海氣清電光煤火爛如星飛車一去不知遠

跳舞場開雅樂聽

槳西利涉大街頭屹立中央得勝樓四達通衢信瞻仰

表功有意抗千秋

羅佛奇珍勝市廛舊王宮好更流連鐵人最古應無匹

已逾四千七百年

良人士女縱游行已死耶穌慶復生舉國若狂尊此日

不知天主可曾醒三月二十一日相傳耶穌復生

合衆闐闐賽馬時華林馬射不為奇君籌武備民同樂

隱寓歐西節制師

雄都坐鎮仰彌高塔勢淩空欲駕鼇三百邁當攔四護

錚錚鐵馬逐風號

虫魚鳥獸象都馴博物何從問假真拍手萬生園裏去

真人來看假麒麟

二十三日陰

巴黎在赤道北四十九度較京師尚遠九度故地氣甚寒

本日節近小滿辰初猶撤鹽飛絮非重棉不温可以想見

其地勢之偏矣法國議院中有謂宜減常額之兵者有謂

兵力尚嫌單薄必須加增者昨有議卿某在議院條陳云

法國女子年滿二十歲亦令赴縣報名挨次擇其強壯者

令充當各項兵丁或入兵營醫院或派巡防各處以便抽

出常額之兵可以隨充徵調惟條陳中未言及兵官亦用

女子與否耳觀此知小戎駟鐵實由西方金氣殊競也

二十四日陰

通商非西制也亦非新法也中國古時蓋有行之者矣日

中為市交易而退此為通商之濫觴降及成周太公之九

府圖法管仲之府海官山是也或疑孔孟之學重農抑商

不知孔子云來百工則財用足孟子曰市廛而不征法而

不廛則天下之商皆悅而願藏於其市重商不信有明徵

乎漢興始頒明詔令商人不得衣錦乘軒唐宋以來代沿
其制不知商務興則財力充盈國家亦隱受其福商務衰
則菁華易竭上下皆受其窮衛文通商惠工國以復興其
明效矣今五洲各國皆以通商爲立國之本保護之補救
之不遺餘力有事亦可借商人之助而商人亦樂出其餘
力以佐公用故事無不舉我中國獨守前規不思振作何
怪洋貨之進口者年盛一年土貨之出口者日少一日坐
使銀錢流入外洋俾國中日趨貧困而不之覺此西人所
日睨笑其旁而莫或悟者也竊以爲及今宜設立商務衙

門與總理衙門相表裏通商各局設立司員使之研究進出各貨何者可以擴充何者可以製造並諭令各領事勸令各埠巨商集資購置兵船保護由國家設官經理或稍加津貼所費無幾實足隱收無形之效此之不圖富強其將於何日始哉發一電致江甯論南洋購德商槍事

二十五日陰

俄人於巴黎之西偏創設賽馬廠經營締造規模亦甚宏敞本日為開賽之期余率參隨等往觀約共賽九十餘馬俄兵弁見者皆免冠致敬益以見西人於整飭武備之中

寓敬禮邦交之義焉按賽馬賽船並皆西人借以為陶情之具而賽鴿亦其一焉法人每於秋高涼爽輒在名園别墅盛設廣場為賽鴿之會赴者無不手鴿而至猶華人之擘鷹鬭鶉也其賽法則以飛之遠近疾徐為差别所賽之鴿各取異色則易於辨認赴賽之鴿多產於比利時國皆能帶信往還如期而至不爽時刻靈捷巧妙並稱精選昔普圍法京內外不通郵傳久絕而法人乞援之書皆由鴿為之傳遞其軍營一切機密皆得之於鴿書用亦神矣邇年來英德荷比諸國猶加意於此其培養之法視昔益加

精密又於沿路設立鴿站以備電綫被割之虞其於講求
戰守諸法為何如嚴慎也哉夜接倫敦轉電奉
旨王之春著即回華欽此海外羈人得以柳雪言旋何幸
如之因發一電上江寗張制府云欽奉敬電遵
旨於五月初一起程乘法輪回華乞代奏

賽馬行

古人重射御其道由藝成武靈始用騎意氣殊縱橫滕
文兼試劍猶擢儒者輕歐西事武備磬控飛遙程絕纏
迅奔電當春乃盛行天池龍種阿剌伯星精上駟巴黎

城桃花以擬一瞥間顧盼自雄何專精馳驟郵止千萬

匹舉國若狂同齊盟風前迴立健腰裊六轡在手塵不

驚中為圜廣若畫畫泥融沙淨道砥平層樓遠矚驊騮

逝傳聲烏烏西樂賡民主遙臨伯理璽一一覩為月旦

評滕薛爭長亦戲耳豈以勝負相絀贏寓兵於農用此

意移步換形皆雄兵士女如雲飛車軌耳鬢相磨先後

爭登臺偶作壁上觀氣清天朗為怡情

二十六日陰

近聞湖北漢陽鐵廠鎔鍊各種鋼鐵日多所造成之各色

機器足敷本境之用外尚多贏餘昨請南洋亦下如須製造各件可即由本廠備辦無須一切購自外洋也爲之一喜余謂西人之講求製造槍礮軍械之足以衛國火輪舟車之足以致遠固盡人而知之矣而其尤妙者隨在一事一物皆有舉重若輕之概即其耕種地畝一人可兼數人之力或起造橋梁房室數千斤之巨石以一人運之而有餘其他縫級磨洗造糖造酒造紙捲煙莫不以機器行之既精且速其省人力尤多中華即一一盡行仿造前民利用亦何不可之有哉

二十七日晴

法之議院分左右兩黨或主王政或主民政互相水火幾於明季門户之見一則欲結俄抗德以固國基一則欲守局外之規置之不論而講求增餉增兵欲藉此以振法國之權則兩黨之所同也法自更立民主以來麥韓辭世葛賴飛薩低喀𢮦雪窩兒沛廉相繼統領其衆王黨浸微矣然去歲猶有試空空之手者重以火車一訟舉國紛更未免易置如奕棋邇聞法將更改兵制千刻特偕縉紳往觀上議院至者約五十餘人下議院可二百餘人或議改議

增這無一定然持論雖各有不同而一東至公則又其立法之善而未可厚非者也申刻接柏林許竹使來電

到法久每聞上下議政輒喜其立法之善持論之公因得此章

庶人不議即承平議院尤非口舌爭天步艱難民共主

土風強悍志成城大權攸屬懸中立疾苦能知洞下情

我本旁觀宜袖手斯邦利病亦分明

二十八日晴晚大雨

巴黎城跨賽納一作森模江上流兩岸廛市櫛比鱗次由使館

北行即拿破侖第一紀功坊坊四周閒以鐵道廣可半里衢路縱横交午約八九道蓋巴黎城舊制凡街市皆中留圜地數畝或十數畝名柏來思由此八通九闢有如日光之旁耀也再過則香水里賽夹道槐松交映廣衢五道亭臺四周綠陰之下士女便嬛韶稚並嬉娛自得其左立一大石柱乃昔時路易第十六被殺之地其中以機軸激水上噴若瀑布大者高逾六七丈其小者以十數計城中似此者甚多飛瓊濺玉濯魂盪胸大可觀翫江上跨横橋無數不啻廣陵廿四風光也過江則沿岸石闌長亘數里其上皆置

鐵函中置圖書充牣其中士女就購者絡繹不絕歸途過一室頹垣敗瓦草樹叢生詢之則昔時兵房爲普所摧毀者留此用存舊蹟俾國之人咸思復仇敵愾亦夫差不忘檇李之遺意也復過賽花會因便入一覽至則奇香灌露異采烘霞儼如五色光明錦耀射人目凡灌水之皮帶翦草之旋車芟枝之快剪治地之犁可以五行挖土之鋤廣幾半畝皆備列焉蓋亦植物學之一端也夜得宋芸子本日自倫敦所發一函渡海千里至暮已達泰西郵政洵善法哉按驛傳之設原以遞文移傳簡札而泰西更廣爲郵

政尤能上利國家下益民利法至便也凡有函件無論緩急均可朝發夕至不虞其遲誤期刻其便一巨數之銀至貴之物寄則必至從無侵吞遺失之弊其便二不出國境雖遠逾千里而信貲僅收二十桑丁卅遞他國者雖遠至五六萬里亦不過一福蘭而止取值甚廉其便三通都大邑中有總館有分館而街衢閭別置鐵匭行道者有函則納其中郵人之掌管鑰者以時啓閉不少失候所雇送信幼童皆貧家子弟藉得零貲以餬口其便四至於郵遞之法陸則近用馬車遠用火輪水則輪船均由郵政公司特

設所置馬車廣大華麗迅捷如飛沿途分遞函信無爽晷刻行客亦有喜其車速而坿乘者其便五往返程途環行闔歷約及七千萬里每歲信貲約千餘萬金坿乘者歲必四五百萬所給車值約亦三百萬金其來東方以湄江香港為孔道計各國有輪船百餘艘信貲均用印票製造之局則由官設上繪國王小像大僅如錢而方其郭分五色以區價之多少其出入之利統歸於公昔時取值尚多近則逐年遞減而坿函日多獲利無算此即所謂積少以致多也戌刻接南洋大臣張制軍一電

得張香帥電感事二首書寄采芸子太史

九齡未老耽孤忠力任狂瀾砥大東得助何常無勝算

垂成有約廢奇功鯤身保障盟初許鱷腹當前計竟窮

忍使生靈委强虜甘居退讓信天翁

明知緣木且求魚奇計陳平尚有餘吐盡蠶絲難作繭

掉來螳臂使當車地如掌大中兼外人已心寒爾與余

猶是獻圖留意久犒勞鼾睡任徐徐

二十九日晴

晨起遣繙繹李叔耘先赴馬賽購船票飯後書二函留别

許龔兩星使本日為西曆之五月二十三日西俗傳為耶穌生母瑪利昇天之期市商工藝並停一日以伸虔意何西人惑教之甚也巴黎至夏日長幾及八時有奇日出早三點鐘日入晚八點鐘巴黎之午正當北京之酉正一刻一分美京之戌初三刻九分彼得堡之未正三刻十三分倫敦之午正十一分亞歷西之午正一刻一分培乃西之午正五分卜捞島之未正二刻一分嘉納海之申初二刻一分北諾埃之戌初三刻十一分巴拿馬之酉初三刻十分西貢之酉正三刻十分特的白亞之亥正三刻十一分

立庸午正零十分築伱之午正一刻五分読許沙郎之未

初一刻五分馬賽之午正零十一分築巴郎之酉正三刻

十三分理士榜納之申初三刻十分賽乃嘉之申初三刻

十一分蒙太亞之戌初三刻十三分利瑪之酉初二刻五

分絲乃之戌初三刻三分當品之酉正三刻十一分桑法

蘭絲稿之申初二刻十分羅馬之午正二刻十一分亞勒

散得之未正三刻十一分蓋巴黎去赤道愈遠夏至日行

南陸故晷影特長計此時森彼得羅堡已晝長十一時矣

又巴黎地勢較中國晷高其視月較大而明顯其去月行

之道稍北而偏西故既望之夜月出猶當于初也觀此可
以知地球橢圓之塙證矣

使俄草卷八

臣王之春恭撰

光緒二十一年五月辛未朔晴申刻大雨

晨起至各處辭行飯後中外送行者坌集見客畢畧為休息夫坏尸屏氣蟄蟲之事非飛走所能也杜門絕交隱逸之流非仕宦所宜也自念生平周行天下未遑有一夕之安今復羈蹤海外者半載思返汶陽之田籍完相如之壁殆亦猶瘖者㾓歌痿者㾓舞竟自忘其形骸之累也古詩有云孤獸走索羣銜草不遑食髫年每讀此未嘗不泫然

三歎孫雄構巢其口有血孫雎哺乳其腹無粒寒蜂釀蜜其味不甜飢蠶作繭其絲易脆獨立蒼茫回首四顧行自傷哉煞顛當之戶雖啟鷹鸇之翼未折失半得半又未嘗不驟然自笑欲搏者先拳其胸欲飛者先斂其翼要在善自為之耳彼蜂知甘而不知苦蝨知暖而不知寒蠹知飽而不知饑鶴知養而不知痛轉胸秋風迅肅朔雪凌寒則亦凋落自傷而已螳螂未必得蟬奈何忘黃雀之捕乎晚七點半鐘乘馬車到火車棧東風颯至山雨適來慶靄堂吳怡卿聯文泉查掄先潘景周汪季友李學庵劉士熙及

思恭薩克德兵官等均先至等候送行周旋片刻登車後
即開行夜色微茫至立墉已將向明矣
晚發巴黎冒雨至車站有作
留滯巴黎又幾旬千鈞一髮轉蓬身敢云博望星為客
適唱陽關雨洗塵鐵聚六州難鑄字棋饒半著已輸人
脫然無累從今始暮色微茫待展輪
初二日晴
寅正穿比里牛斯大山洞約行七分鐘卯正復穿一小山
洞約行三分鐘已近馬賽矣一路田疇平治桔槔不喧雜

花生樹並成行列洋荔枝鮮紅滿畦與麥溝桑隴相間映殊可觀觀十點鐘至埠仍住徐能福舊店馬賽近臨地中海面海而負山地勢由漸而高直抵山麓山嶺聳拔為天然屏障海濱船澳極深廣法屯水師埠頭五處以吻勒士為第一此其次也防守極嚴形勢周密東南兩面空濶無所捍蔽澳口湧河一綫橫亘其間頗足倚為天塹當衝要處悉作礮臺貨物轉輸俱在東方西面軍械局船廠索廠兵房獄房竝極宏壯昔年僻在海隅自法取阿洲之亞爾支亞士後極力經營輪船往來遂成孔道法之南徼當首

處一指云馬賽亦有大鐵橋乃九年前所造成長七八丈闊二三丈重一千四百噸以水壓力運動開合中一樞紐鐵鍊盤轉橋即橫亘其機器房一人以羊角吹之即能吸水灌於橋下兩大鐵管鍊自運動橋即與之俱動百餘萬斤之力一人可以運之此真重學之妙用也

初三日晴

晨起往觀山頂大禮拜堂自山脚至頂一百八十級登之可以一覽全鎮無復孑遺矣又觀其起重機器亦用壓水機器運轉之水力至極處可標二百丈亦偉觀也四點鐘

登身船名鴉戛係兵輪改造寬廣載重及房艙位置竝與
撒拉濟同惟年代較久耳按火輪船之製肇始於乾隆元
年英人議造小輪船運行之力不用水氣而用風氣船頭
置輪船尾置機以大繩運轉其輪欲拖大船使出海口未
成三十九年法人造一水氣火輪船因輪力不足亦未成
明年法人造一可抵一馬力之瀛機安於船上施兩輪於
船兩旁制雖成而行甚遲四十八年美人用瀛機安於船
中以代人力以棹代輪然亦未能行遠且速五十二年美
人造一船長五丈船頭汲水而上出於船尾出水之力用

瀛機加於汲水筩上每一點鐘能行十二里美富商遲疑不用其人遂適英時英人有密羅爾者創用旁輪法以助風力之所不及其友代路爾以太費人力而輪轉船行可以加速有友塞名敦者又變通其法使瀛機內上下起落活塞之力改為旋轉運行五十三年塞明敦造一瀛機安於密羅爾船上輪在船中瀛機在左蒸釜在右每點鐘行十五里明年三人又造大十二倍馬力之瀛機其船每點鐘能行二十一里而密羅爾之家貲已罄矣嘉慶八年美人富羅敦求詢其法返至紐約造火輪船其製益精英人

頗用其法瀛機安於船內無在船上者二十三年蘇格蘭造成一船足抵三十馬力往來於蘇格蘭阿爾蘭之間輪船行海實自此始自後改用尖頭遇有巨浪直衝而過既穩且速道光十八年英人造一火輪船儎重一千四百噸開行十五日內可抵美之紐約是為出大洋之始咸豐二年始造鐵船即遇颶風可免迸裂後又有隔艙之法以防滲漏自是而輪身之規模大備自創始以迄於今不過百年而其暢行無阻尤止三四十年而已英國製造較早故商務益盛兵船亦獨精然則欲握富强之樞豈非以火輪

舟車爲第一要義哉

初四日晴

舟沿伊呂伯一帶山麓而行遥望山頂尚有積雪未消蓋中西氣候之各有不同如此西士每言氣之衰王當察之冷暖英倫三島本近寒帶因赤道下之海水一股由南亞美利加洲之墨西哥海面北趨環繞故入冬不甚寒冷地近寒帶又四面皆海常有海風吹送故入夏不甚炎熱適來民物殷阜實已甲於地球皆海水趨向爲之也大抵地球精華所萃以居温帶之中者爲最善中國及美國是也

其次則地勢雖偏亦必得海水温煦之氣但執道積久變易而海水有時或改所向即如丹國所屬之吉蓮蘭者在美洲北境一絶大之島也從前海中有熱水一股自南洋來環島北趨所以島中民物繁盛而其地大於丹馬十倍丹國恃之頗富强近數百年海水趨向忽改地氣頓寒民物衰耗寖成荒島而二十餘年前丹又為德人所敗割其境土之大半并都城亦割去遂為最弱小之國矣西士又云英倫三島地氣之冷當在四五千年後中國地氣之冷當在二三萬年後矣

初五日晴

晨起參隨人等來賀節適庖人備華饌艙面同飲久之風起午後更勁海水作深黑色舟顛簸殊甚西人亦有眩暈不能起者阿非利加北土在地中海南岸者東南約長萬里南界撒哈拉大漠綿延如帶迤東多沙磧迤西山嶺錯雜古時總名善的得拉弱成周中葉有非尼西亞國者由希臘遷居於此名其國曰嘉爾達額擅地中海之利權富強無敵又有奔多入占耳達兩部亦強國西漢初皆為羅馬所滅唐初回教興於阿剌伯兵力方強既得埃及漸拓

而西諸部皆為其所蠶食又度海侵西班牙割其國十分之八（時葡萄牙係西班牙西境尚未立國）後阿剌伯衰諸部半為突厥所奪地分四國迤東接埃及者曰的黎波里迤西曰突尼斯皆突厥屬國再西曰阿爾及耳舊屬突厥今屬法蘭西更西抵地中海口曰摩洛哥係紅帽回回不屬別國

端午過地中海

駕得飛鼇出地中歸帆無恙走藁風波平如鏡心如箭弔古潭忘屈子窮

舟中草草說端陽風味無從解糉嘗卻喜櫻桃堪適口

有人飛船渡西洋

初六日早大雨午後晴

舟行過意大利境海濱列肆頗繁盛羣山作青綠色頗似江湘風景其對面即的黎波里也接的黎波里在埃及之西長四千里廣二千五百里夷坦無山有大河曰的內匝岸土壤頗腴餘皆沙漠沙中間有片土生茅草回族游牧其中騎健駝四出掠剽鄰境患之國有王世繼仍請命突厥地分四部曰的黎波里其會城也建於海濱曰巴爾加曰非三曰亞達美地氣酷暑晝熱夜寒土產皮羽蠟棉花

硫磺滑石丹砂金砂突尼斯在的黎波里之西地形北出東北兩面皆臨地中海長一千五百里廣八百里地勢平衍沙磧居多沿河之土極腴海濱斥鹵乏淡水戶口三百餘萬皆安居不叔盜稱回部善國王不世及由衆推舉仍請命於突厥地分兩部曰的里幾亞曰達拉幾斯會城建於波加斯湖濱高阜之上民多以織布為業土產穀麥橄欖油銀銅錫蠟水銀硇砂獸多獅猴獐山狗歐洲各國皆與通商阿爾及耳在突尼斯之西今屬法蘭西長二千一百餘里廣一千八百里沿海山阜斗削攀躋不易東南峰

巒高峻常積冰雪境多砂磧土最膏腴先是阿剌伯回族據西班牙七百餘年生齒逾數百萬明初西班牙北部起兵復國回部多逃回阿爾及耳後西班牙復驅逐降回百餘萬出境大半亦轉徙入阿爾及耳失業流離習爲盜俗陸則剽掠行旅水則截刼商船數百年來爲地中海之大患英法美嘗會舟師勦之登岸攻畧戮其人不取其貨歛迹數十年已而復肆道光初法以大兵征之所費頗鉅道光末回酋復大衆來攻爲法所破戮其酋戶口三百萬分七部曰阿爾及耳其會城也曰岡上丹的納曰馬斯加拉

曰的德利曰薩布曰卑爾北耳氣候溫平產五穀果實金
銀鐵錫珊瑚摩洛哥一名馬羅各又在其西長二千五百里廣
一千五百里有大山曰亞德拉斯橫亘國中砂磧環帀田
少而腴穀果皆宜駝馬亦蕃庶夏熱得海風解之故地氣
溫平居民六百萬皆紅帽回回舊屬阿剌伯突厥既興席
捲諸部獨摩洛哥以窵遠獲全而阿剌伯衰弱遂自立為
國俗好擄掠得他國人強令入回教否則禁錮為奴道光
時英法多遭擄禁者兩國以兵攻之其王震恐乃盡釋之
其俗以布纏身上束帶巾包頭戴紅帽著各色屐腰插刀

劍跨鳥鎗好馳馬角勝習射頗精閑婦女甚嚴出門帕蓋

全身僅露兩眸與埃及同禁食猪肉禁飲酒喜吸煙煙以

麻葉爲之土產與各部同通商不廣

初六日寅刻日出後大雨書懷

旭日團雲雨驟來曉風初定霧全開淋漓亦自如人意

穩送征軺海外回

龍節頻通五大洲中興與屬固金甌縱橫不藉蘇張力

船出天河在上頭

初七日晴

泰西人記非尼西亞古事云非尼西亞古商賈之國夏以前不通别土夏之中葉智者始創舟車貿遷有無以此致富西人名之曰非尼西亞（譯言客商也）始居巴尼斯的納海濱後有德巴斯者立國於希臘隘不能容周厲王十年遷於地中海之南岸曰美的得拉弱（譯言即地中海也）地定都城於土羅（即今突斯地）更國名曰加爾達額時其地荒蕪未辟人户稀疏非尼西亞人出其貨財建城邑懇田野無業之民羣往歸之益治舟楫流通百貨地中海南北兩岸利權大半歸其掌握復跨海辟西班牙建為藩部一時無抗顏行者越數

十年而意大利之羅馬與羅馬初甚微弱加爾達額視之蔑如也地中海有二島曰郭士喀曰撒丁皆附近羅馬加爾達額據之以逼羅馬又昔普利島與羅馬南境相接加爾達額以兵強奪之羅馬並不敢爭周顯王年間希臘之馬基頓王亞勒散得以大兵伐波斯波兵至加爾達額攻破土羅屠八千人國幾亡從此聲威頓減而羅馬日益強先是羅馬不習水攻加爾達額勝則進攻敗則張帆颺去會有戰艦穿漏拋泊海岸羅馬得之倣其式三月而造成百艘有義略都者講求駕駛練勁卒為水軍往來海道日

益嫻熟由是與為勁敵加爾達額當侵羅馬虜其將勒孫羅押送羅馬營請易俘因羅馬帥惜其才將許之勒孫羅張目叱之曰亡羅馬者諸君也出戰被俘本國從無贖救之例乃欲以一人壞國法耶毅然反敵營大罵而死羅馬軍人人雪涕勇氣百倍加爾達額敗績遁去遂奪回三大島加爾達額有夙將阿迷利加與羅馬血戰數十年號稱能軍有子曰漢尼巴幼敏慧嘗以兵法詢父父戲之曰爾能矢志滅羅馬當授爾漢尼巴即設誓於入必德爾之前（古時各國所奉宗祖之神未詳何時人）阿迷利加悉以韜畧授之漢尼巴既

長謀勇過人伐羅馬屢奏捷年二十五拜為大帥合西班牙之兵大舉伐羅馬登舟慷慨酹酒海中曰不滅大敵有如此水師抵羅馬南境破其邊城乘勝急攻鋭不可遏羅馬軍四戰四北南境諸城皆陷遂渡厄伯洛河越北勒鈕阿爾比斯峻嶺長驅直進勢如風雨羅馬屬部西拉古薩亦叛附之羅馬大帥發約馬西摩與衆謀曰虜氣方盛難與爭鋒客兵利速戰宜堅壘以老其師而別以奇兵襲其後乃閉城拒守為卑辭以緩攻而遣別將馬爾塞羅收復西拉古薩因伏兵邀其歸路又遣西比揚湣以舟師渡海

襲土羅土羅告急於漢尼巴時漢尼巴與羅馬軍相持日久食垂盡聞土羅警報急撤兵回救發比約馬西摩率勁兵潛躡之而馬爾塞羅伏奇兵突出邀擊漢尼巴前後受敵兵大潰死傷山積棄輜重登舟急發西比揚偵其將至率舟師邀於海中焚斬畧盡漢尼巴以單舸乞援於西里亞西里亞者亞細亞大國時希臘諸部為羅馬所困亦求救於西里亞其王安的約哥帥師救希臘為羅馬所敗狼狽東走羅馬軍踵至圍攻安的約哥納土降漢尼巴仰藥死希臘諸國皆降羅馬由是加爾達額孤立無援屬部多

離畔漢景帝十年羅馬來攻土羅土羅堅守不下截婦女髮爲弓弦羅馬軍死者數千羅馬有大將冒矢石進攻城將陷加爾達額閣城舉火自焚羅馬毀之爲平地因分兵略定諸部復同兵征西班牙西班牙亦降非尼西亞遂亡

初八日晴

卯正至亞勒撒得偕從官登岸一游詢土人云乘火車一點鐘可至阿剌伯三點鐘可至埃及都城擬購古碑搨本惜無還者詢書店亦無有十點鐘返身即開行舟近山麓一路山花放紫緑樹成陰雅可愛翫晚十點鐘至波賽復

登岸一游返舟已四鼓矣

初九日晴

舟行蘇彝士新開河中兩岸砂磧如舊惟近水草色稍青綠耳是日東來之舟甚夥而英商船爲多或彼讓此或此讓彼至晚十二點鐘始出東口少停即復開行夜西人婦女羣於艙面跳舞以爲娛樂

過蘇彝士河

天光弄影水涵波橫絕澄流闢内河略似淮陽灣泊處停輪小憩讓人多（適遇商輪四隻泊舟讓之）

樹低如薺遠連天風浪曾經轉坦然一出地中三百里

河身東帶任迴旋

初十日晴

舟入紅海天氣驟熱夾岸赭山恍若雲林秋色接紅海南

岸埃及之東地形由東北而西南迤北回族與黑番雜居

迤南皆黑番極東北曰亞德爾其南曰亞然再南曰桑給

巴爾再南曰莫三鼻給其地皆在印度海之西岸矣惟亞

德爾在北土阿比西尼亞之東南當紅海印度海之隅商

船罕至西南重岡疊起東北平原廣闊居民多土番奉回

教土產金砂乳香胡椒象牙

十一日晴

南風從阿非利加洲來煩熱異常寒暑表升至百有九度

埃及之南東枕紅海者曰努比阿長三千里廣二千里東南峻嶺重疊川谷相間西北沙漠絕遠尼羅江上游諸水灣環匯注河濱多沃土餘不毛酷熱甚於埃及古本埃及西境自回回族割據散為數小部道光二年歸埃及兼轄居民皆回回別有野番以刼擄為生嘗誘努比子女賣於埃及埃及不能鈐制之也努比阿之南曰阿比西尼亞亦東

枕紅海南界亞德爾長二千三百餘里廣二千餘里山嶺
盤迴有大水曰巴勒那塞各又名藍河下游滙於尼羅土
田肥沃地氣温平惟近紅海一帶頗炎燥多迅雷多雨自
五月至十月陰霖居半自古為土番部落不通別土相傳
其國舊制王族皆聚居高山之上以防異謀有嗣位者方
許下山否則禁錮終身俗好殺掠食牛不宰臠割而生啖
之別有野番穴地而居捕蟲豸為食得野獸食其肉纏其
腸繫其踵於身以為美觀二部與亞德爾土產畧同元世
祖時馬八爾俱藍兩國曾入貢馬八爾即阿比西尼亞俱

藍即阿努北是為阿非利加通中國之始

十二日晴

南風極熱岸側時有民舟往還水仍作深藍色長夜鬱攸舉舟皆不成寐阿非利加一洲地當赤道又多砂磧烈日炎蒸為南風吹入紅海故地距赤道十三度而熱反加於距赤道一度之新加坡也又按阿非一洲其環海地面為西人所侵佔懇闢者已十之八九其中據云不乏水土清嘉之地將來皆須造電線開鐵路商務之盛當在百數十年後矣

十三日晴

將出紅海山勢峽東鬱熱益甚舟人竝稱煩苦揮扇無停晷矣晚七點鐘過哭海頸兩岸鐙墖照映有如緐星夜三點鐘始抵亞丁

過紅海放歌

天風泱泱兮海水蒼蒼船如天上兮地中央波瀾不起兮紅海長振衣發嘯聲琅琅看中外之同風兮豈復爾界而我疆

十四日晴

乘小舠登岸一遊近東皆洋樓亦有加非館大自鳴鐘房
地皆童山丹赭突兀極皺瘦透漏之致居民黝黑蠢蠢如
鹿豕齒奇白突出唇外上無衣下圍尺幅而已女子多以
全布遮面僅露兩眼道遇一衣金線盤半臂者殆富族也
屋皆平頂瓦檐牆壁並以石甃成卑隘殊甚英人栽植雜
木水土皆自別處移來然地少雨終難鬱成林蔚也北向
三四里許山腰鑿成險道過此為土人廛市亦磽确無可
矚目土產山羊文如斑鹿橐駝小於中土背僅一峯形殊
瘠瘦而強健多力驢騾亦頗不乏惟不知從何得芻牧耳

駝羽價甚昂貴駝卵大盈半升亦稱偉觀其西小島尚多
煞皆拳石無一草一木也土人已能伏水拾銀洋與印度
各島同晚三點鐘開行
十五日晴
晚見舟石一山蜿蜒東赴有巨魚長逾數丈奮鬣揚鬐如
迎如送清風徐來漸喜涼爽船主云夜兩點鐘當有颶風
北來窗椅箱簏一切皆令縛束戒備食桌亦用巨索作琵
琶形横勒薄木板使食物盤碟不至傾動甚矣行海之難
也夜二鼓果風大至

偶成一律

吾家曾有戚甯伯往事空談定遠侯放眼古今一變局
抗懷寰宇各千秋鴻鵠音杳幾人慕蠻觸風成何日休
祗惜王郎歌斫地瞻天萬里海西頭

十六日晴

東南風大作銀濤噴起似萬疊雪山奎湧而來身行如在
雲霧之中船外波聲震撼與船中器物毀壞聲如相和答
加以薰熱萬分難堪西人亦多有嘔吐者矣按唐書自拂
菻西南度磧二千里有國曰磨磷曰老勃薩其人黑而性

悍地瘴癘無草木今考磨磷即美德林老勤薩即蒙巴薩皆在桑給巴爾境内是為中國史籍言阿非利加之始所云度磧二千里無草木乃指自猶太至兩部之路猶太即拂菻一作耶路撒冷計程不止二千里史蓋約畧言之耳

十七日雲陰晝晦

風愈猛烈舟側行如見舷底時而一落幾乎有千丈强之勢睹之使人心悸不止將暮大雨徹夜不止雷電飛騰瞑眩神搖念身行巨浸之中四畔茫無涯涘惟有静以聽之而已飛魚入船數十長不盈尺項下著兩翅如蜻蜓腹多

于纍如紅貫珠殆即山海經所謂䨥水之鰩與

十八日陰

風仍不止身行較昨日稍平然顛簸騰起猶可丈餘而南風鬱熱轉增使人煩懣不堪僕從皆昏暈不能起至此食息乃益苦矣五印度在亞細亞一土正當午位南境斗入溟渤袤延蓋萬餘里漢武帝欲由身毒通大夏斷匈奴右臂然單車之使卒未能渡恒河而西東漢特顯宗求佛法始遣一使由是漸通朝貢唐代往來亦頻北宋亦屢入貢獻元起漠北未削金源先開西土由印度之西北轉戰而

南憲宗繼之五印度遂全歸囊括亘古蠻荒使以鞭箠功烈可謂奇矣惜有其土未變其俗宗王國戚遠授封域舅佗自泰諸酋雖半蒙古苗裔究之椎髻箕踞亦無大殊往俗也歐西之居印度始於前明中葉倡之者葡人繼之者荷人及至乾隆時英以重貲購其海濱片土營立埔頭養兵蓄鋭蠻人不識機械迨孟加拉一發難端遂以全力進攻諸蠻部連雞棲桀等於拉朽摧枯夷滅者十八九西藏之南滇之西南壤地幾盡相接昔日欲求疏通而不得者今乃欲求隔絶而不能時勢之變遷初非意料所及今日

者門户洞開藩籬盡撤高掌遠蹠者謂宜如何奮發也哉

十九日晴

連日風浪惡劣舟中毀物極多甆器亦碰損不少印度之西波斯之東西域諸回部若信地若阿富汗若俾路芝若哲孟雄若塞哥（一作克什米爾）若廓爾喀若新地亞今或為英所滅亡或降為英屬地其王雖存僅同守府七國之世宋衛中山豈復可以國稱若六蕭之不祀也忽諸是又不必為之悼歎者矣

二十日晴

南風仍感自亞丁至錫蘭計程八千餘里須七晝夜始可到中間並無停泊之所計此七日無不在狂風巨浪之中回憶去時波平如砥蓋不啻霄壤之別也每覽教封琉球諸記竝去時平靜歸涂多遇風險惡此行槩似之殆亦以去時奉有

國書在身

聖靈赫濯故海若為之效順與

二十一日大風雨

早五點鐘抵科郎埠（曾侯日記作此三字或作克倫伯或作格崙坡竝非）大風雨竟

日夜不能登岸一遊停泊時舟猶搖盪欹側至丈餘堤外巨浪騰起高三四十丈排若堵牆恍從霄漢傾瀉而下真偉觀也按錫蘭一島長六百五十里闊三百里周圍二萬五千方里距新嘉坡一千五百九十七海里人民約二萬餘種類計凡六等新格里人最舊餘則英吉利人印度人新嘉坡人荷蘭人巫來由人昔有新格山德王居開殿城譯音似作潋淀即使西紀程所謂高諾也初為葡萄牙人所吞併繼屬荷蘭嘉慶中英又奪踞之新格山德王僅食祿俸守府而已英人墾闢招徠迄今有礮台兵房教堂書館織廠

關署醫院花園博物院鐵路由山頂至開殿山中間至南椰野一帶計程三百里居民本崇佛教近改習天方耶蘇天主各教英人俑其大酋曰格浮男（譯即管理人）華人於香港各埠或俑之曰總督曰巡撫皆以意會之云爾是地進口多法國各種名酒出口則以洋藥為大宗（運往中國者十之八九運往南洋各埠者十之一二）是船所裝計不下八九千箱皆運往中國者其次青靛亦多運往中土地不出米因人民疎情嬾於種植故也近頗種茶其西北海灣曰麥那兒尤饒蜃蛤

出亞丁過印度洋至錫蘭連日大雨得此數章

橫風捲浪勢訇鏗幻作千軍萬馬聲纔過月明三五夜

掀翻水月不分明

南去縱橫印度洋雞園祇樹海中央雙輪日月吞龍象

容易乘槎占上方

散花天女舞天魔操縵安絃尚浩歌時有米國女喜歌在大艙忘却

險夷歸鎮定人生何處有風波

連宵風雨到今朝天地無根勢動搖到此靈鼇方柱立

晴空海若不能驕

二十二日晴

是船本應昨夜八點鐘開行臨展輪因機器損壞不能行駛須修補數日飯後乃乘馬車登岸一遊是地昔奉佛教有名刹三開來南廟去時已經遊過因至考脱海拿廟規制彷佛相同惟較小耳倭佛者羣以鮮花供佛前脱帽為禮是又雜西人之制為可笑也自過地中海歷覩亞丁錫蘭諸埠雖經洋人墾闢而其民人終黝黑蠢陋與麋豕無異仍有狉狉獉獉氣象即所見越緬印度阿剌伯各種人亦然視華人之文雅歐人之魁晳相去殆如霄壤因思南方諸島國自古未聞有傑出之才今乃受制於人為歐洲

所蠶食大抵地居赤道有暑無寒終歲精氣發越所以人之筋力頽散神智不能生而莫由自振也蓋地球之中惟温帶為人物精華所萃極北大寒則人物不生極南熱帶人物雖繁亦不能精而温帶之北稍近寒帶之地往往有神靈傑出者則以精氣凝結故也或曰地球時有轉移俄羅斯在二萬年以前本居熱帶今則轉為寒帶矣地氣每數百年而差南洋於二三萬年後天氣亦必逐漸而寒是時亦當有鐘毓神靈首出庶物者矣

二十三日早晴午雨

晨起坐艙面覺風日清穌暑氣亦平遥睹英人所築長堤外高浪騰起三十餘丈矗若銀山傾瀉堤裏昔人詩云海上濤頭一綫來今具見之恐廬山瀑布並無此壯觀也是地土人近亦有富至數百萬者多由商務起家或種椰子或種桂樹均可致富其人漸衣洋服亦著草履土人多不著履者然腰以下仍圍白袱無著褌者粵人六七自南亞墨利加之臘答地方來者亦由是埠坿舟回華就詢之據云該處係荷蘭新闢埠頭與英人屬地相連去此須海程二十一二日地方極寒三四月間猶時有微雪土產惟牛皮象牙

為大宗餘尚不敷本地所用華人至者約千有餘人云

二十四日晴

飯後乘馬車至梅獅開恩殿廟一路雜花生樹異采奮發方塘石沼錯落其間初入為藏經庫藏貝葉經甚多白石卧佛龕前布鮮花八九種奇艷莫能名狀院後一墖墖半空亦有菩提樹一株青蔥鬱茂蔭周畝許片葉墜地兒童即拾而藏之入市用乞佈施涼颸薦爽芳溢六空虬柯送響如聽九霄梵唄也歸涂過一市有華店名廣南安者因停車小憩就詢此地商務據云華人至此貿易殊稀即來

此亦鮮能久留者十年前來貿易者獲貲頗厚不久即復去惟一皮鞋店來此三十年矣店主人鄭姓粤之香山人能通英法及土人語言雜販中土各物亦有自東洋來者並云前二年東洋人來此並開二家貿易頓形減色乃貶損價值以敵之賠累殆至三四千金今彼二家不克自立業閉歇年餘去年乃稍復舊貲云云由此觀之亦可謂善於營運矣歸船因詢船主云修補尚須數日船中甚苦局促因假廣南安暫住三四日以消煩悶

二十五日雨

錫蘭與南印度祇隔一海峽南印度以多得克林為巨埠洋藥棉花茶葉各項竝由之出口運至科郎埠然後轉運至華由麻打拉薩者則徑至新嘉坡不須至錫蘭若西南印度之貨皆須至此英人置火輪船數艘分日輪替前往彼埠往來止一日程殆彷彿粤之香港澳也土人種類既夥其所習各教亦復岐異西人及新格山德人亦用喪葬然禮殊草草即墨子所謂以薄為道也一種人周圍薙髮中留長者披垂於後式與華人正同惟不辮耳其人死則棄之於水一種人額上用指醮粉畫三横作白色殆即所

謂雕題之種其人死則火葬之是皆吧藍美明哩呀之遺類其習俗莫能改移者也婚嫁無媒妁兩相愛好則訂日嫁娶富者亦略用鼓吹貧者倩一二人送歸其室而已室甚卑狹無牀榻几案坐卧皆據地上食無匕箸惟以手撮之飯用格力（出南洋味甚辣）拌食或雞魚皆碎切入飯中雜食之酒亦以米為之大類江西吳城鎮之封缸酒色味竝相似也是日同舟有日本三人改乘德輪先行

二十六日雨

佛教之入中國自漢孝明帝時耳自達摩入華創演別派

中土士大夫好為畸異益以儒術文飾之遂開禪悅一派由是愈蔓延愈支離幾於不可究詰昔人謂佛說祇如一桶水由此傾彼由彼傾此未能多出一涓滴實則錫蘭之所謂佛說者亦無此似墨似儒之宗旨也法人斯各賴脫新出輿地圖說以緬甸暹羅越南三國謂之中國印度而東埔塞一譯作老撾即南掌甘孛智之轉音各國揮人野人獛夷猓夷亦包在內其地雖非實屬中國而形勢與中國相連故以別於英屬之五印度也並考列國史事云安南之屬中國始於秦始皇三十三年耶蘇降生以前二百十四年印度之佛教亦同時

而入此說非也漢之有佛教未盛行也即三國兩晉亦尚
式微至六朝而始盛齊明帝永元二年耶蘇降生五百年當時佛
教自錫蘭傳至白古下緬甸即仰光漸入緬甸暹羅柬埔賽
又百年始至南掌安南一帶中國之盛行亦在此時遂令
神皋奧區寺廟皆盛塗丹碧釁生民之膏血而假慈悲為
名義東方之積弱實由於此蓋佛法號稱清淨無為實則
使人懶惰縱弛而已今錫蘭號稱淨土而政教不修武備
不飾慈悲寂滅之說以誘愚民而有餘以哄雄桀而不足
故一旦異族來侵實逼處此喧賓奪主讋服不遑而基督

摩哈默乃各盛其盼蠁香花之供養日希幾有餕而之歎

中土士女方且妄求福澤自焚頂指而曾不之悟嘻亦愚

甚矣徐松龕中丞有云慧光耀於震旦而淨土轉滋他族

蓋誠有慨乎其言之也

二十七日雨

中國地面既大各教皆有而其大宗似皆云不外儒釋道

三教張道陵之鬼道本屬米賊其所用符籙章奏實緣飾

巫覡而為之豈得云老莊之支派髡徒之梵唄鐃鈸正復

與之一類雞鶩爭粒異名同實又豈得云釋迦之宗旨故

天堂地獄之說西教亦假之以誑惑愚夫婦蓋同一師巫借名以聚騙錢財之秘法耳西教假佛氏天堂地獄之說乃忘其所自出而反面攻之以供偶像為詭異今教堂所供之瑪利耶蘇及其十大子弟若散比愛彼得之屬徒非偶像乎中土聖人之教先求自治其身心然後以其餘力親親仁民愛物必不與他教競爭是非故其化行亦不能廣徧然理氣自足維持終久而不敝今雖中土號稱士大夫自命為儒教者亦復被其和哄道場瑜伽不絕於耳金采梵宇無邑無之聚數千百萬之游民但一薙髮遂且不

耕而食不織而衣中土亦安得不因之而積弱今錫蘭且不自保同泰寺之鳴鐘課誦亦何益耶人其人使之為學徒為商農為藝流為軍士廬其居改之為書院為藝院為博物院為善堂不費之惠其庶幾乎至於喇嘛一流不過假之以懾服西藏諸回蒙並非真欲崇而尊之其他等諸自鄶以下無譏焉可也

二十八日早雨午晴

南洋各島星羅碁布較之東西洋各邦形勢尤與中國切近華民往來居住或通商或開礦或種植或傭工統計約

四百餘萬人現在祇新嘉坡設一領事二十年來支領經費不過十萬金而各省賑捐海防捐所收之欵實已倍之商傭二十萬人前後所攜之回華者當亦在一二千萬兩以外然則保護華民之事又安可緩乎目今統計全局凡英屬之應專設領事者四處曰香港曰新金山曰緬甸之仰江曰印度之噶爾格達荷蘭之屬地三曰蘇門答臘之日裏埠曰三寶壠兼轄泗里末等埠曰噶留巴日斯巴尼亞屬地一處曰小呂宋法蘭西屬地一處曰西貢此外各埠應相機設法或以就近領事兼攝或選殷商為紳董畀

以副領事之名畧給經費亦可用資保護香港領事之設薛叔耘星使力爭之幾成而卒不果設荷屬苛待華人甚於英法英人屬地之華工祇一年期滿荷屬則期限三年且縱令煙賭各項犯者罰以加工而又日用故為昂貴使之債累終身故華人在荷屬者往往不得其所且迫之入籍故多去而少還今復巧立名目䝨稱猪仔為新客實則獸畜禽息深堪痛恨計每歲出洋約十五六萬人現在荷屬者已七十餘萬是安可不籌所以保護之而設立領事乎倘彼不允我設領事我即禁彼招華工此可操必得之

權者徒以文牘往還辯論甚無益也

二十九日辰雨午晴

自唐置嶺南市舶使以帥臣監領之令蠻夷入貢者為市稍收利入官貞觀十年詔三路舶司番商解到龍腦沈香丁香豆蔻四色並抽解一分武后時都統路元叡冒取番貨番酋忿殺之後於廣州令每番舶至則審事宜以聞貞元間嶺南奏請移番市於安南陸贄在中書奏駁之宋開寶四年置市舶司於廣州以知州兼使通判兼判官太宗立權務於京師詔諸番貨至廣州非出官庫不得私相貿

易其後又詔非奇珍物皆聽市後又詔他物之良者亦聽
市其半大抵海舶至徵其什一而給其餘價值歲入以數
十萬計縣官經費有助焉熙寧中廣州市舶歲課虧折或
以為市易司擾之故令提舉究詰於是劾免務官呂邈後
以言者置杭州市舶諸司皆隸廣州元豐三年中書言廣
州已定條約宜選官推行詔以廣東轉運使孫迥罷帥臣
兼領大觀元年復置廣浙福建三路市舶提舉司三年詔
番商欲往他郡者從舶司給券毋雜禁物其防船兵仗給
之建炎二年詔市舶多以無用之物枉費國用取稅権篤

耨香指環瑪瑙貓兒睛之類博買前來及有虧番商者重
罪之惟賜臣寮象笏犀帶可者量令輸送紹興二十七年
詔廣南經畧市舶司察番商假托入貢隆興中臣寮以象
齒珠犀視他貨較重請十分抽一罷博買乾道初又言閩
廣有市舶宜置官提舉自南渡後經費困乏一切倚辦海
舶歲入固多然金銀銅鐵錢幣亦因之漏洩外境而錢尤
甚法禁雖嚴奸巧愈密元世祖常立提舉司尋罷英宗至
治六年遣使榷廣東番貨乃復立之聽海商貿易歸徵其
稅順帝元統二年復罷至正二年復立申嚴其禁明制諸

番例三年一貢世見來王準互市立市舶提舉司以主諸
番入貢應入貢番先給以符簿及至三司與合符視其表
文方物無偽乃送入京若國王妃及陪臣等附至貨物抽
十分之五其餘官給之直暹羅爪哇二國免抽然閩廣奸
民往往有效番俗椎髻耳環入其舶中導之為奸因緣抄
掠者明洪武頒科舉詔於安南占城以其通中國文字也
海外諸番自是朝貢不絶永樂改元遣行人聞良輔內臣
侯顯鄭和等招諭西南諸番暹羅爪哇以至古里諸番貢
獻畢至永樂四年置懷遠驛於廣州城蜆子步瓴房百二

十門以居之隸市舶所提舉司然內官總貨提舉官吏惟簿領而已成宏間貢獻日盛有司惟容番使入見餘皆停留於驛往來設宴管待方許入城衣服詭異亦有帽金珠衣朝霞者老稚競聚觀之椒木銅鼓戒指寶石溢於庫市番貨甚賤貧民承令博買多致富正德十二年法蘭西亦㑹朝貢突入東莞𠵼火震駭海道奉命趨逐乃出境自是海舶悉行禁止例貢諸番亦鮮至者貢舶乃往泉漳廣城市貿蕭然矣巡撫林富稽祖訓會典奏上得允於是番舶仍通焉余按南海之通中國自漢始而嶺南之榷番稅自

唐始漢誇王享之儀意重在貢唐榷貨稅之益意重在市然由唐至明不過南番諸小國而已非歐西之輪船亦無所謂鴉片毒物也然南宋已有錢幣漏洩之憂前明已有奸民假冒之幣殆所謂勢有必至與古聖王不寶遠物豈惟制節謹度其防患未然之意蓋亦深切著明矣午刻自廣南安回船

輪抬科倫布機器時有損失停修數日風雨連綿假館商埠書此紀之

八輪翔轉阻機行（連日修整機器）來復句留七日程使節重經

南印度仙游權作小蓬瀛潮音警枕疑喧唄雨勢傾盆

不斷聲依樣島人開海市寶珠奪目更分明沿海街市多售鑽石

珠寶

無定陰晴付偶然尋常夷險半由天縱非息壤能安樂

勝逐驚波共轉旋佛國薰蕕椰子雨洋樓迤邐藕塘煙此處多荷塘

浮游海外思鄉國三宿空桑信有緣

三十日晴

晨起船主邀乘火車至開殿大餐詢船何時可開行云尚

須一二日方可竣事比辭謝飯後忽云本日三點鐘即可

啟碇後查知本埠所雇入海修理船舶之水工每時計工
貲福蘭一百枚實則入水跧伏晷為整治即復登岸是日
許以重酬乃即日可以竣事蓋緣舵葉為鐵鍊所絆住一
移去便可行駛也誰謂西人絕無險詐者哉未初開行出
口門因長堤所戹浪甚險惡足畏人也申正過巴德夾自
科郎埠至此二百三十里

閏五月辛丑朔晴

東風大作舟甚顛簸然因遲滯十日之故一旦忽得駛行
同人亦不覺其病苦矣久卧思起久行思止人情殆有同

然乎按西人不閏月而閏日蓋本回回厤之舊法今人動云中法不如西人余謂堯典以閏月定四時而朔望固已有準桐葉之落藕節之益其於物候亦各有合睹天時而知人事是西法不如中法之善也今人又謂夏商以前中人尚不知紀朔因以朒朓生明生魄為證而太甲篇之紀朔為後人偽增不知月正元日正月上日又係何人所偽增乎子貢欲去告朔之餼羊告朔乃周王之制周公魯公所奉行而無替者也安得云周時尚望日月五星紀時乎不知此乃詔告百姓之辭使之望而易記也豳風七月之

篇所詠皆瑣屑之事景物之詳欲使人人聞之導其和樂之情而使意也遠迂儒安知此哉

初二日晴

風大作盪舟殊甚眩暈良苦按坤輿五大洲皆周迴數萬里惟中國之南洋萬島環列星羅棊布或斷或續大者數千里小者數百里或數十里野番生聚獉狉相仍巫來由種俗皆黑蠢而弱別有繞阿武吃兩種頗稱强武然亦無有虬髯其人為之傑起若華盛頓流亞者自明初遣太監鄭和航海之後招致而來中國者益衆迨其中葉歐人爭

來建立埔頭而閩廣之民趨之若騖亦有買田娶婦留而不歸者浸至今日流寓者殆數萬人陳資齋之海國聞見錄王柳谷之海島逸志邵星巖之薄海番域錄紀載其山川風俗土物氣候各有詳畧未始非遊南洋者之鍼衣然今日者諸番王侯皆已降為皁隸或江黄之不祀已久是未可據昔之圖志以為定衡姑就英人所譯者存其崖畧吾知事會遷變驅異族而抗衡米利巳西當亦意計中事耳計荷屬要亞全島（即昔之噶留巴一名瓜哇）土產加非蔗糖燕窩為大宗蘇門荅臘噎姑露（即茫古魯）土產加非粗煙（俗名牙煙番語打馬各）番

藍榜土產胡椒樹仁棉花舊港土產加非沙藤目里土產煙葉亞齊土產檳榔胡椒廖内土產胡椒甘蜜樹粉（俗名碩莪）粉文島勿里洞並產錫坤甸土產金砂硅石（即金剛石）白藤胡椒噬加錫土產加非金銀五寶馬匹帝問土產檀香加非麻里土產加非吧冬土產加非煤炭其餘各小島皆出馬匹荳蔻丁香英屬則新嘉坡乃總匯之區土產無多餘則柔佛（俗名新山）土產甘蜜胡椒麻六甲土產樹薯粉檳榔嶼土產荳蔻丁香白蠟吉隆並產錫呂宋產錫煙葉婆羅洲土產鉛錫冰片胡椒海參燕窩烏木

初三日晴

綜計荷蘭各屬羣島華人約七十萬餘中國至今尚未設一領事坐使神皋衆庶淪為左衽能勿慨乎現在要亞島內計萬丹華人二千餘葛羅巴華人十萬餘加勝横華人六千餘不領岸華人一萬餘井禮汶華人二萬餘直葛華人一萬餘八茄廊岸華人六千餘三寶壠華人二萬餘抑吧勝華人一萬餘藍横華人二萬餘泗水華人一萬八千餘吧梭羅安華人七千餘丕爐窩犇莪華人三千餘峇壽居華人四千五百餘蘇門峇臘島內計吧冬東市華人一

萬餘吧冬西市華人一千餘打吧㧚爾華人二千餘嘡姑
蠹華人六百餘藍榜華人五百餘舊港華人六千餘日裏
華人十萬餘亞齊華人四千又各小島計廖内華人五萬
餘文島華人三萬餘勿里洞華人一萬三千餘西慕娘又
名坤甸華人五萬餘東慕娘又名馬辰華人四千餘嘡加
錫華人六千餘岷哪吓沙華人三千餘馬那羅華人五百
餘唵汶羅華人千二百餘打㧚底華人六百餘麻里華人
一千餘帝問邦姑華人一千二百餘以上荷屬兩島華人
已如是之多其婆羅洲西里百呂宋巴布亞澳大利亞又

不知凡幾其尚思所以保護而招撫之乎今幸機利哥例雖行而墨西哥又有招商之舉杷彼洼茲是固華民之大幸然吾謂鐵路果開則西北新疆尚多可耕之土正不必亟亟導之使外也

初四日晴

午正過橫加島兩岸綠樹陰濃山花紅絢令人有愛不忍釋之意按各島譯音互歧幾於言人人殊茲就其正俗兩音備列一二馬萬丹(正音澎當)葛留巴(正音勃丹維阿)不領岸(正音勃里陽獮)而井禮汶(正音而遷)及直葛(正音德獮而)末牛馬士(正音排局馬司)峇吉璘

正音猗倫 白八茄廊岸 正音朗額唔 百猗 葛爐 正音葛徒 三寶𡂱 正音馬朗 三若

佑加打 正音葛阿丹 局局 梭勝加打 正音葛阿丹 蘇拉 馬里汶 正音亭呸 馬藍

橫 正音倫澎 吉厘里 正音提里 割 吧梭羅安 正音蘇路 白吉 蒲爐窩𡂿我 正音

蒲路林擱 薄 峇壽居 正音蘇割 勃伊 泗水 正音白拉 蘇吓 末流勝 正音逹拉 馬 鴉齊

正音阿齊 日裏 正音脱温 惡蘇 司馬 猗峇 司朥 打吧挪爾 正音本拿 打里 吧冬東市 正音

巴宕墳倫 勃奔 惡 吧冬西市 正音乃乇 巴倫 宕奔 排呸 嘡姑露 正音呸古 勃倫 藍榜 正音

蘭榜 舊港 正音倫白 巴呸 文島 正音門島 勿里洞 正音里東 勃 廖内 正音廖 西慕

娘 正音司薄 佛鳥 東慕娘 正音惡司 瑞可 拉司 愛薄 呸鳥 望加錫 正音割阿 馬煞 馬那羅

正音那度 門 岷哪吓沙 正音訥哈 米煞 嘡加錫 正音拉皮 西司 麻里 正音里旁 排有 阿廓

英小島亦麻里管轄帝問邦姑（正音低木古浜）唵汶哪（正音愛譯愛那）伍打哪底（正音丹那的）今揑哩加錫即志畧之摩鹿加要亞即志畧之噶羅巴良由譯音遞轉本無正字也又志畧之婆羅洲今稱般鳥（今南屬荷北屬英）西里百今作西里疪（今全屬荷）巴布亞今作巴布阿（南屬英北屬荷東北屬德）呂宋又名斐力比羣島（今屬西班牙即日斯巴尼亞）凡此諸島皆已為歐洲之外府而東道其逆旅也至於蘇彔大年安南文萊其國在若存若滅之間暹羅近困於法昨聞已降為屬國杞鄫之祀雖幸存焉亦不足與於會盟之數矣為之一歎

初五日晴

早九點鐘抵新嘉坡總領事張弼士太守率同繙譯隨員迎至舟次當邀同從官乘馬車至署讌叙譚及中外各事甚悉並贈譯出南洋各島詳細地圖各件晚四點鐘隨送至舟候船開行乃别去昔人詩有云桃花潭水深千尺不及汪倫送我情今日思之乃益信然弼士熟悉南洋各島情形與西人交涉極稱契洽前已言之今莅任半載措置果能裕如寓居華人亦頌聲大起始信余言固不誣也

初六日晴

新嘉坡礮臺因山建築有外斜坡以護壘牆避敵彈之擊壘牆與外斜坡皆用泥土不用三合土始可任擊不壞與中國沿海各礮臺以三合土作大平面之牆顯露於外者不同規模極大牆有三重臺內兵房寬敞精潔火藥庫七八座軍械庫數座共費銀三十萬兩光緒五六年間又於西面添建新臺更稱鉅固凡五年而後蕆事計費銀共七十餘萬云按南洋舊為閩粵商船數至之地海道有數險舟師皆謹識之最險者為南澳氣古稱落漈在南澳之東南隔水程四五百里嶼小而平四面柱脚皆亂石生水草

長丈餘氣吸四面之流船不可到到則隨流吸閣不能返
氣之北沈浮皆沙垠約長二百里盡北處有兩山名曰東
獅象與臺灣沙馬崎對峙隔洋面水程二百餘里名沙馬
崎頭門氣之南續長沙垠至粵海為長沙頭南隔斷一洋
名曰長沙門又從南首復起沙垠至瓊海萬州曰萬里長
沙沙之南又生亂石至七洲洋名曰千里石塘海舶遭風
或舟師迷誤犯此數險鮮不敗者西北與南澳西南與平
海之大星適成鼎足粵之商艘往東南洋呂宋文萊蘇祿
貿易者皆從長沙出北風以南澳為準南風以大星為準

西洋之船從昆侖七洲洋之東萬里長沙外過沙馬崎頭門以取弓弦之直中國往南洋以萬里長沙外渺茫無所取準皆由沙内而至七洲洋汪洋一水生此界限亦溟渤之户闥也哉

初七日晴

已正巳望見廣南諸山船主云須晚六點鐘始可到西貢一水至海口分爲七道東流入海每道甚狹而又灣環如帶皆非乘潮不能駛入也越南之中圻濱海沿山形勢狹隘以廣德省爲適中之地以廣平關爲南北咽喉稱天險

馬全境有大山自北圻蜿蜒而來貫中圻全境而入於南圻名曰橫山中圻形勢以橫山為綱維山之西為苗疆山之東為越境諸水皆發源橫山東流入海最著者四曰清華省之雙馬河河靜省之雙匯河廣德省之漢江又名惠河廣南省之漢鄉港此外支流不可勝數而沿海港澳之深闊者皆在廣南之南惟漢鄉港四面環山泊船最便距富春一百六十里水陸皆通為越都南面門戶敵船所必攻者也至中圻以北山路崎嶇關隘甚多然今之時勢趨重海疆則陸險竟無足恃矣酉正始下碇以將暮不及登

岸艙中頗苦鬱熱云

初八日晴

法之屬地在阿洲者四處在東方者止西貢一隅耳其公司來華坿儎者多至西貢計本船所載法之大小兵官及女教士在西貢登陸共三十餘人船主之女壻夫婦亦坿之昕夕相見頗不隔閡午後偕從官等重遊博物院復經華館便酌席散日已西晡與潘參贊乘馬車先行回船距躉船不遠下車繞上游數步縱觀河形昏黑之中突聞鎗音傷穿左腕武弁等隨車趕到跟蹤尋緝髣髴遙見二人

似曾同舟改乘德輪先行者蓋馬賽上船有三人同行二十一天至錫蘭後先期改搭德船事非無因未免杯弓蛇影維時竹樹蒙茸與萊畦桑壠相高下追奔不及隨返堤岸延西醫診視據云真得天幸藥彈斜出不然迴旋摩盪將不知走何部位乃大可慮但此間天氣稍炎火毒所藴非力清肺腸恐毒攻於内因用藥水洗淨敷治餘血頓止貼膏藥後只知麻木夜間睡醒乃覺痛楚亥正電發達總署并留弁在埠暗地會捕不動聲色而已

泊西貢偕隨員上岸晚歸有拋放暗鎗者雖不甚創而手臂中傷書以誌警

險類巖牆路怕歧歸舟此日出南離切膚方爲時艱痛

履坦曾無異域欺未識何心遭狙擊是誰授意轉狐疑

暫相容忍資調護大體無傷勉自支

初九日晴

六點鐘始開行終日養創不能起坐側卧篷窗遥見平疇一帶早稻業經登場新秧又已蒔插田中計此間每歲可以三熟宜其出口之米爲甚多也午正出口沿横山之麓古人詩云水枕能令山俯仰信然船主及西友等有來問視者只言在岸遇物碰傷未便據實以對

初十日晴晚微雨

卯正强起就几案前小坐余居艙面舵樓後房本船主辦公之所蒙其敬待讓以假余故余獨一人一房兼有几案可以寫字看書出房即可向舵樓憩坐幸得此出入甚便不然上下艙面亦殊不易也初更臂痛不能舉動即便就寢

十一日晴

昨夜已過瓊州海面午正見香山順德新安一帶島嶼蓋即所稱香港峽也夜十點鐘始抵埠雲陰送雨雷電飛空

遥望山巔以及上環中環下環一帶燈火如列畫屏大是

繁盛强就几案畧記四日行程不能詳也

十二日早大雨午晴

晨起粤中同寅文自周曉舟觀察以次郭壽農李子華潘子久三大令張亮臣別駕何笏生劉舜卿諸君武自張楚斌軍門陳崑山周瑞雲兩協戎黎鏡臣柳懋亭參戎粤紳許少衢蘇伯賡劉慎初三觀察及許世兄苓西茂才劉吉六刺史彭少南大令竝來接晤蓋得西貢電音故趕至此閒問好者益多情意均可感也俄而陳崑山備小火輪邀

登岸譏集再三辭不獲已乃扶掖至行館並招從官齊集諸君或相違半載雲山會合誦昔人剛是相逢又別離之句為之憮然得黃弁西貢來電云查緝毫無影響噫彼何人斯適相邂逅夫詎不能知之特時會多艱勉為隱忍亦復何所不可況創不為害又何必仇人斯得乃為甘心也哉午正登舟諸君竝送至舟意均拳拳未正即開行

十三日晴

早五點鐘船首三等艙內電索毀壞電鐙發熱出煙又與棉花相近幾兆焚如甚矣行海之險也海里六十等於洋

里六十九又半此但用於行海日記簿至海道圖及船主每日牌示仍按洋里非海里也英國如此法國每三米勒合中國十里即海里也午正過廈門洋身行微盪蓋海水為山麓所激湍故耳

十四日晴

晨起船主云本日晚十點鐘可至上海闌之不勝欣慰自念使臣往返俄都身行十餘萬里羈遲輪船中者八旬有餘每逢雷雨長風巨浪幾覺九天之雲下垂四海之水皆立地天異色盪魄駴心莫此為甚幸此行蒙

聖主之福鄰邦助順禮重軺車殊方詭製備得觀覽不可
謂非如天之慶雖創痛未除亦且若或忘之矣午後過茶
山螺髻秀曼貢綠迎青使人有他鄉增㮣髮故國見青山
之感夜十一點鐘抵吳淞口周子升司馬孝芋卿參軍來
迎偕乘法公司駁船至天后宮行館

十五日晴

劉康侯觀察廖楚材參戎上海黃大令以次來拜因臂痛
不能著衣冠竝辭謝顧念使臣遠役數萬里外遭際時艱
力圖報稱揮戈志切致為彼族猜忌然雖隱忍一時而身

所親歷目所經見凡有關於
國家富强之計者彌思效一得之愚良以風尚矜奇機巧
闗獻在彼既日異月新在此自不能不改弦易轍擬即日
具草專摺條陳各事宜加以養創必須杜門因電請總署
代奏乞假一月
十六日微雨
擬條陳鐵路各事宜一摺因創痛不克脫稿粗具規模而
已
十七日晴

接總署來電奉

旨電悉王之春著賞假一月欽此

附錄奏稿條陳

出使俄國大臣頭品頂戴湖北布政使臣王之春跪

奏為時艱孔迫道宜自強謹就切要易行數端恭摺臚

陳仰祈

聖鑒事臣維善岐黃者氣血首在流通營宮室者輪奐務求新美故四達不悖則周軌宜同億兆一心則商戈可倒人各展其心思材力則成就於有用者多財必絜乎挹注源流而工賈之經營兼重人工既竭山川必獻其菁華交際日繁任使宜昭其體制臣此次奉

命出使俄國兼歷英德法各都周閱工廠訪其政制察其
異同竊以為彼皆日異月新環匝四鄰我當新創之
餘斷不能不損益舊制參仿新規冀可驟復已虧之
元氣隱弭將來之禍萌然棼亂如絲若不提其綱領
奚以析理分條期於共治臣愚謂有必不可緩者八
端一鐵路二軍制三變通科舉四造就人才五籌款
項六重商工七礦務八交涉以上數端或臣工所已
言而未能切盡或章奏已屢積而尚待推詳臣海外
歸槎荷蒙

賞假養創在途每念和局甫定時事方艱我
皇上宵旰焦勞臣傷病微軀刻難安枕謹就管窺所及攄
陳芻膽自知芻蕘末論無稍補於
崇高惟冀
宥納施行用稍裨於萬一所有條陳事宜另繕清單理合
專摺具陳伏乞
皇上聖鑒謹
奏
光緒二十一年六月　初一　日

謹將所擬八條繕具清單恭呈

御覽

一鐵路宜亟開拓也、外洋創興鐵路、不過五六十年、其都邑市廛、固因此日增繁盛、即磽瘠荒僻之地、亦且易為通衢、聞其創設之始、莫不謗怨沸騰、繼則爭相仿效、彼此互通、良以富强之首務、莫重夫此也、夫國家惟患不均、上下尤虞睽隔、鐵路之速、以日行千五百里計、則萬里外之民隱、朝夕可知、萬里外之災荒、轉輸可濟、萬里外之邊警、呼吸可備、天下如指臂

之相使也、鐵路之利以萬里計、東南之商貨朝夕可
集於西北、西北之產植亦轉徙獲利於東南、所謂山
足魚澤足木也、京師養兵十萬則二十行省日懾於
十萬之威、行省各養兵十萬、則京師旦夕而有二百
萬之衆、所謂兵足而用紓也、且閭巷之人可謀生於
國都、不但無方隅之阛闠之夫可負載於鄉鎮、不
但保輿人之業、天下如血脈之灌輸也、臣所經行如
法德俄英各會城商埠無不軌道綱張機輪梭織道
旁貿易鐙火連宵、而馬車手車亦仍往來不絕、但聞

其利未見其弊中國士大夫聞見日新仰知
朝廷孜孜求治其不以西人所長為非者已居七八然而
蘆漢鐵路之議迄未舉辦津遼鐵路之興亦未展拓
大抵以經費難籌且防外人專利耳不知外洋軌路
皆集商股而成或限數十年或十餘年歸入公家一
遇軍事賑務即限内亦儘公家運用雖以公司承辦
匠師董役而集股招工購料無不取資内地臣嘗訪
詢公司數家雖各國章程微有增損大抵商人所取
償者祇運價一端而地方之因以振興者所益甚大

且既歸商承辦承運則防守之費養路之費皆其所出又較勝官為經理也該公司等又謂中華工人物料食用皆倍賤於外洋則造價自較省於外洋是在臨時估核耳至如軌條一項應用鑵鋼及貝色麻鋼現在江南製造局湖北鐵政局皆能自鍊亦可轉售該商俾我利無旁溢臣詳覽內地輿圖竊以為宜興辦者以三道為最要一由瓜州至天津可省漕運之煩一由漢口至襄樊至陝甘達川省一由上海至浙閩至廣東以便富省之商貨輾轉流通藉以捍衛邊

圍以上三道頭緒雖紛但得明幹大員廣集外洋公

司悉心籌議請

旨遵行國家目前不出一費而非常之大利自可咄嗟立

舉若十年之内不著成效臣之身家願職其咎惟望

早興一日則早收一日之利誠爲至幸臣聞此次山

海關之役其徵調獨較他路靈通得以久持此亦鐵

路之效有可取證者也

一軍制宜急變更也泰西自二三千年來以戰立國

其講求戰守之法君民上下内外一心無不精益求

精蓋非是則無以自存邇來槍則有前門後門單響
連響之殊礮則有前膛後膛銅鐵鋼之異礮台
則有明式暗式泥土三合土鐵鑄之分戰艦則鐵船
雷船碰船快船鐵甲船水雷則伏雷行雷浮雷急雷
火藥則有炸藥棉藥餅藥栗藥新奇疊出體制不窮
造物幾無以供其雕鐫然風氣闢即在此三四十
年間而此三四十年間戰爭轉少於昔年者各國皆
憚於先發也是故今之時勢善謀國者常以精蓄伐
戰守具為船之制勝始以不用為初不必見之
也

車戰

實事也夫地球各國平時考究槍礮艦臺營制弁勇之孰良孰楛孰勇孰怯無不確有定評一旦有事則弱者讓於強者強者讓於尤強者強者於攻戰守早有把握則雖取千百里之地索千百萬之餉而不難弱者於諸務毫無講求亦惟有勉強承命而已然則居今之世雖堯舜之君伊呂之臣亦不能不講求新制者勢也蓋必營度於平日然後能操勝於無形泰西各國設立海軍必有鐵艦十數號以為中主又必有快船數十以相策應其餘碰船雷船尤必廣為籌

備其快船速率有每點鐘能行二十餘海里者蓋用鋁質鋁質參雜船既輕快質尤堅韌以上諸製自宜多派學生出洋學習或遴選廉幹之員出洋購訂並募洋將訓練俾得蔚然自成一軍海疆形勝如揚子江頭之白茅及南澳煙台虎門各處宜專設提鎮以固海面水勇則粵人為上浙之台州次之而寧閩為下陸軍宜仍於內地精練洋鎗隊四萬人招募洋將為之訓練器械由洋將經理自得精良餉糈由洋將經理會同華將支放無虞短額尅扣等弊仍參用華

將統帶以免喧賓奪主太阿倒持之嫌招募則南以湘粤為勝北以淮北曹沂為宜由其風氣剛勁素性然也訓練則聚之以營房教之以學堂擇其身材授以技擊鼓其忠義之氣游之智畧之林下等練一年咨送回籍充後備兵中等練二年咨送回籍充次備兵上等則留分劄要地各防營厚其餉糈作為常備兵常川訓練使無日不如臨大敵庶幾有備無患而聲威復振矣

一科舉宜稍變通也中國文人精力多瘁於時文試

帖小楷西人則各因其智慧以攻其專家之業遂令
國無棄材竊謂此即中國古來因材施教官人造選
之遺意也今擬請文場止用一文一詩外則試以天
學光學化學電學重學機器格致各條令明白講説
以覘造就先於鄉會試三場内酌量變通院府縣試
一律照行令知此各項學問皆由中土聖賢發其淵
源即儒者格物致知之事其精可通於性命其大可
造乎
國家并不得目為西學抑或天文地輿諸學特設一科

與科甲出身者一律并重自不致輕算學格致機器
諸學為藝事而潛心力學都在其中以中國土地之
廣人才之衆數年後必能家自為學人自為業滿朝
朱紫盡深通乎天文諸學不必假手於人而此項人
才分别取舍但開端不得不借材異地為之先導耳

又

國初以弓矢取天下故武科向重騎射今外洋槍礮愈
出愈奇我即不能不變通舊制擬請武試將步箭一
場改試槍礮馬射改試馬槍是一邑之中有數百人

應武試者即隱寓數百洋槍隊也暗中收效實無涯
涘取定之後即應派入營汛充當弁勇將倅以次升
補則所用皆其所習可并收人才之效矣竊謂中國
三代以前文武原未嘗分途漢唐猶存此意宋明以
來右文輕武自是文人不屑習武而習武者皆係粗
材積弱不振外侮迭侵職此之由泰西各國選將練
兵皆出學校武備一院選聰穎子弟讀書數年再令
入伍習練雖王子之貴皆視爲急務歷練既深又多
學問一隸營籍則見重閭里如中國諸生之列膠庠

即年滿告退亦有半餉以贍其老此所以樂於從事殫致全力以得備將校爲榮中國追維古制亦以變通令文武無畸重畸輕之弊則安固有備危亦可恃矣

一人才宜急造就也歐美兩洲各國勃焉興起之機在學問日新工商日旺而其絕大關鍵不過恃火輪舟車及電線諸務而已實則此天地間公共之理不知此皆吾輩載籍所已言其賢智者不暇考求中下者不及知或轉駭他人之强盛而推之過當或以爲

堂堂中國何致效法西人而擯之過嚴臣以為皆所

見之不廣也墨子魯問公輸諸篇機器船械之學所

自出也旗幟一篇西人旗燈之所自法也近中則所

見大景亦大遠中則所見小景亦小今之作窺遠鏡

顯微鏡者皆不越此兩語範圍也呂氏春秋似順論

云漆淖水淖合兩淖則為蹇溼之則為乾金柔錫柔

合兩柔則為剛燔之則為淖又氾訓論云老槐生火

久血為燐博物志云積艾三年焚之流鉛錫此化學

之所自出也主述訓云衆智所為無不成也千人之

羣無絶梁萬人之聚無廢功西國各學各事之所以能勝人者率此術也至於易之雷電合而章書之潤下作鹹五語漢書之洗金以鹽濯錦以魚等句一皆化學電學格致諸學之權輿也管子云上有丹砂者下有黃金上有磁石者下有銅金上有鉛者下有銀上有赭者下有鐵此山之見榮者即礦學之宗旨也中國京師同文館則有格物化學之科天津則有武備水師電報學堂之設上海廣東則有廣方言同文各館福建則有船政各廠湖北則有兩湖書院分校

之西學各館重慶亦設有洋文學堂自可日新月異
擬請於已設之處再為推廣未設之區亟為𠞰設俾
聰明才辯之士各擴其心思耳目貢其技能甄別異
等隨時錄用則人才蒸蒸日上矣

一欵項宜善籌備也戰事以來糜費不貲度支告匱
洋欵既非持久之道捐輸亦成弩末之形即向民間
息借亦因風氣未開難以相信若勉強勸辦則擾累
將不可勝言竊謂理才一道不外開源節流二端今
請自京師以至各直省分設官銀號又應准外洋添

設一二家聯絡一氣定出入利息隨便可以支存既
便生民之諸積而中國種種大商務大工作皆可由
此次第舉行歐洲各國之有人頭紙其用至溥其法
至便鈔票之行即用此紙中國從前擬用鈔票每慮
奸民偽造查泰西造辦紙廠俄國為上此紙須用機
器其費甚鉅民間不能猝辦故可杜絕偽造其用暗
碼人頭即在水中製成今請
飭駐俄使臣暫由俄國定購暗印紙張來華由戶部鈐以
印信作為三聯緘合然後裁割頒發各省令民此紙

籌餉之策之善斷無有過於此者所謂開財之源者此也鐵路既開則漕運海運驛站皆可節省練軍既成則綠營招募或併或裁節宂員嚴浮濫懲服飾之過制禁寺觀之增修民生日尚節儉銀錢自不至外溢所謂節財之流者此也

一商王宜急講求也自漢興重本抑末禁商人不得衣錦乘軒商遂為四民之殿中國工人藝事比於賤役細民藉資餬口而已不知神農日中為市以王天下太公勸女紅管子正鹽筴而諸侯歛袂朝齊此重

商政之權輿也古者制器尚象以前民用管子亦有云財蓋天下工蓋天下器蓋天下器成卒選則士知勝又曰致天下之精材來天下之良工則有戰勝之具此工藝之權輿也泰西各國莫不重商而集股開埠以英爲最故英最富莫不重工而製造精博以德爲最故德最强中國總理衙門南北洋大臣皆綜商務然内治外交既繁且要不能與工商相習委員分辦又慮權輕而弊多擬請

特簡大臣專理商務駐劄江海交匯之處講求進口出口

各貨物查出口貨物以絲茶為大宗除俄人自來中國購茶外餘者皆係英商壟斷故令華商坐受虧損法國之立墉一鎮銷絲最廣宜與法人合股設立公司自運絲觔出售彼國先行試辦茶葉一項則宜講求製法按章領行官票裝箱出售時先宜公司稽查底面一律以敵外洋之產入口之貨呢絨洋布而外木鐵亦為大宗洋布已兩設局然尚不敷華民之用呢絨則尚未有及者是宜一律設法廣行仿造洋酒稅重價昂而銷售最暢多用葡萄製造中國東北各

省葡萄種大而味厚且價賤於外洋可勸商人設廠釀造行銷亦收利權之一端也至磁器繡貨綢緞草帽邊皆外洋所重然既無專商承辦磁繡帽邊等項倭貨既爲之充塞綢緞一項西國雖多自造而絲不純潔終難敵華我宜於既有之產精益求精而彼國機器所成之貨則悉心仿製別出新奇每成一器一物則獎賞而鼓舞之或獎以功牌或予以寶星並許其獨辦若干年限以保利權庶製造多而百貨集矣夫省試以勸百工來百工以足財用此帝王經天下

之大政也況值風氣大開主客相形自不得執貴本

賤末之陳說而不早為計及也

一礦務宜急振興也自明季礦務煩興擾累閭閻士

民至今相沿為戒近數十年經西國礦師周歷各行

省細心測驗著為論說謂中國寶藏甚富除最上一

層古法所能取者不過浮面外若用機器開挖則中

國未洩之寶氣實百倍於外洋蓋因千餘年來𥘵政

不修轉令貨棄於地夫窖粟盈廩而懸釜告飢疊衣

滿箱而尺襦不繳此守藏之過也查西洋各礦以煤

鐵為最貴蓋其實用於民者多也英德之所富强者

良以煤鐵之礦倍多於別國中國各礦隨在皆是而

煤鐵尤無省不饒徒以承辦不實沒盡股貲令人望

而裹足即一二自行開辦者又以成本無多甫試輒

止故亦迄無成效不知入土愈深物質愈美是非鑿

險縋幽不足探奇取奥擬請召募洋商暫就沿海各

省擇地開辦會集業主妥議允行即預先訂約一俟

開有成效准照西國各例抽税以充國用餘者變賣

亦應先儘本國購買倘遇軍事並不得售與敵人若

開無成效例不賠償成本一經開辦斷不容借詞風
水輒行撓阻庶幾地不愛寶既可令市面之銀幣流
通而無業窮民亦可藉工餬口至於東三省金礦雲
南銅礦已經開辦者更當精益求精不使菁華終閟
矣
一交涉宜專任使也泰西各國設官雖不必與中國
同而其大致乃不甚相遠每分八部其六部畧同中
制此外有外部海部外部專掌各國交涉之事並不
兼攝別部使得專精考校免致遺誤也而一日治公

則有定時七日則有休沐所以節其勞而重其任也

國家設立總理衙門即西國之外部與六部同例擬請

自尚侍以下各設專官至

特簡王大臣軍機大臣兼理不兼他部庶得殫精治事又

泰西各國無論國之大小公使皆以等第分班次頭

等可隨時入見君主請茶會面商要事不致隔膜二

等先期約定止能接見外部君主茶會勢分不及今

土爾其希臘日本各小國皆遣頭等公使分駐各邦

而中土以堂堂大國行走班次乃反居其後於體統

既有關礙於交涉亦動形掣肘擬請嗣後駐劄英俄兩國使臣均以頭等派充增費無多而收效甚遠國體亦因之日尊矣

上海文藝齋印